Póquer

PARA

DUMMIES™

D1249328

Richard D. Harroch y Lou Krieger

Prólogo de Chris Moneymaker
Campeón de las Series Mundiales de Póquer

Traducción: Ángela García

Obra editada en colaboración con Centro Libros PAPF, S.L.U. – España

Titulo original en inglés: *Poker for Dummies*
de Richard D. Harroch y Lou Krieger

Edición publicada mediante acuerdo con Wiley Publishing, Inc.
© 2000, ...For Dummies y los logos de Wiley Publishing, Inc. son marcas
registradas utilizadas bajo licencia exclusiva de Wiley Publishing, Inc.

Traducción: Ángela García
Revisión técnica: Gerard Serra (TK Poker Events)

© 2010, Centro Libros PAPF, S.L.U.
Grupo Planeta
Avda. Diagonal, 662-664
08034 – Barcelona

Reservados todos los derechos

© 2011, Editorial Planeta Mexicana, S.A. de C.V.
Bajo el sello editorial CEAC M.R.
Avenida Presidente Masarik núm. 111, 2o. piso
Colonia Chapultepec Morales
C.P. 11570 México, D. F.
www.editorialplaneta.com.mx

Primera edición impresa en México: abril de 2011
ISBN: 978-607-07-0704-9

Impreso en los talleres de Litográfica Ingramex, S.A. de C.V.
Centeno núm. 162, colonia Granjas Esmeralda, México, D.F.
Impreso en México – *Printed in Mexico*

¡La fórmula del éxito!

✔ Un tema de actualidad

✔ Un autor de prestigio

✔ Contenido útil

✔ Lenguaje sencillo

✔ Un diseño agradable, ágil y práctico

✔ Un toque de informalidad

✔ Una pizca de humor cuando viene al caso

✔ Respuestas que satisfacen la curiosidad del lector

¡Este es un libro ...para Dummies!

Los libros de la colección ...para Dummies están dirigidos a lectores de todas las edades y niveles del conocimiento interesados en encontrar una manera profesional, directa y a la vez entretenida de aproximarse a la información que necesitan.

Millones de lectores satisfechos en todo el mundo coinciden en afirmar que la colección *...para Dummies* ha revolucionado la forma de aproximarse al conocimiento mediante libros que ofrecen contenido serio y profundo con un toque de informalidad y en lenguaje sencillo.

WWW.DUMMIES.COM

¡Entra a formar parte de la comunidad Dummies!

El sitio web de la colección ...para Dummies es un recurso divertido, diseñado para que tengas a mano toda la información que necesitas sobre los libros publicados en esta colección. Desde este sitio web podrás comunicarte directamente con Wiley Publishing, Inc., la editorial que publica en Estados Unidos los libros que Ediciones Granica traduce y adapta al español y publica en España.

En **www.dummies.com** podrás intercambiar ideas con otros lectores de la serie en todo el mundo, conversar con los autores, ¡y divertirte! En **www.granica.es** podrás ver qué Dummies han sido traducidos al español y qué Dummies de autores españoles ha publicado Granica, ¡y comprarlos!

10 cosas divertidas que puedes hacer en www.dummies.com:

1. Descubrir la lista completa de libros ...para Dummies y leer información detallada sobre cada uno de ellos.

2. Leer artículos relacionados con los temas que tratan los libros.

3. Solicitar eTips con información útil sobre muchos temas de interés.

4. Conocer otros productos que llevan la marca ...para Dummies.

5. Descubrir Dummies en otros idiomas, publicados por los editores de la colección en todo el mundo.

6. Participar en concursos y ganar premios.

7. Intercambiar información con otros lectores de la colección ...para Dummies.

8. Hablar con Wiley Publishing. Hacer comentarios y preguntas y recibir respuestas.

9. Conocer a tus autores favoritos en los chats que organiza Wiley Publishing.

10. Descargar software gratuito.

Visítanos y entra a formar parte de
la comunidad Dummies en **www.dummies.com**.

Los autores

Lou Krieger aprendió a jugar al póquer a la tierna edad de siete años, mientras observaba a su padre durante las partidas semanales que se realizaban los jueves en la mesa de la cocina de su casa, en el barrio obrero de Brooklyn, donde vivían.

Jugó en sus años de secundaria y universidad y logró mantenerse a flote sólo porque los demás jugadores eran terriblemente malos. Pero fue a raíz de su primera visita a Las Vegas que empezó a tomar en serio el póquer, cuando entró en una partida de 7 Card Stud de límite bajo y logró —con mucha suerte— nivelar sus ganancias y pérdidas.

"Mientras jugaba Stud", recuerda, "vi otro juego que parecía más interesante aún. Era una partida de Texas Hold'em.

"Observé la partida de Texas Hold'em durante unos treinta minutos y enseguida me senté a jugar. Una hora y cien dólares después, el juego ya me había atrapado. No me importó perder. Era la primera vez que jugaba y *esperaba* perder. Pero no me agradó sentirme como un estúpido, de modo que compré todos los libros de póquer que encontré y me puse a estudiarlos.

"Estudié; jugué. Estudié y seguí jugando. No mucho tiempo después estaba ganando con regularidad, y no he tenido un año perdedor desde que empecé a llevar cuentas".

A comienzos de los años noventa, Lou Krieger comenzó a publicar una columna titulada "On Strategy" para la revista *Card Player Magazine*. También ha escrito dos libros sobre póquer: *Hold'em Excellence: From Beginner to Winner* y *MORE Hold'em Excellence: A Winner For Life*.

Cuando no está escribiendo sobre póquer, Lou (que vive en Long Beach, California) juega al póquer en casinos del sur de California.

Richard Harroch es un abogado con más de veinte años de experiencia en la representación de compañías emergentes, empresarios e inversores de riesgo. Figura en el "Quién es quién en el derecho estadounidense" y es socio corporativo de una prestigiosa firma de abogados de San Francisco, Orrick, Herrington & Sutcliffe LLP. Es licenciado Phi Beta Kappa de la Universidad de California, Berkeley, y de la Facultad de Derecho de la Universidad de California, Los Angeles, en donde fue director administrativo de la revista *Law Review*. Ha escrito varios libros sobre temas legales y empresariales, entre ellos *The Small Business Kit For Dummies; Start-Up and Emerging Companies: Planning, Financing and Operating the Successful Business,* y *Partnership and Joint Venture Agreements*. También lideró el desarrollo de un sitio web especializado en contratos.

Ha dictado numerosas conferencias en diversas organizaciones jurídicas y empresariales de su país. Ha sido presidente del Comité de Sociedades del Colegio de Abogados del Estado de California, copresidente del Comité de Corporaciones del Colegio de Abogados de San Francisco, miembro del Comité Ejecutivo de la sección de derecho comercial del Colegio de Abogados del Estado de California y copresidente del seminario anual sobre empresas conjuntas y alianzas estratégicas del *Law Journal* en Nueva York.

Tiene experiencia en las siguientes áreas: empresas emergentes y de Internet, comercio electrónico, finanzas corporativas, empresas conjuntas, alianzas estratégicas, financiación de capital de riesgo, contratos de empleo, emisiones públicas de acciones, sociedades, acciones preferenciales, acuerdos de confidencialidad, opciones accionarias, contratos de ventas, legislación de valores, fusiones y adquisiciones.

Ha participado varias veces en las Series Mundiales de Póquer en Las Vegas y es coautor de *Gambling For Dummies*.

Agradecimientos

Los libros son siempre un esfuerzo de colaboración. Nunca le crea a un autor que diga lo contrario. Sin el empeño del editor de adquisiciones, Mark Butler, quien creyó en este proyecto y lo nutrió durante dos años, esta obra no se habría concretado.

Los editores calificados son una especie maravillosa, y el empeño, la ayuda y las sugerencias del editor de proyecto Tim Gallan y la copieditora Patricia Yuu Pan le dieron a este libro una forma que nos enorgullece. Con su entrega y talento, Tim y Patricia realizaron ese acto de prestidigitación que supone lograr que los autores parezcan más cultos, ingeniosos y amenos de lo que en realidad son.

También tenemos una deuda de gratitud con quienes aportaron a este libro su talento literario y sus conocimientos de póquer: Mike Caro, el "genio loco", por su trabajo sobre "pistas" —el lenguaje corporal del póquer— y por muchas de las tablas estadísticas y los consejos que abundan en el libro; Nolan Dalla por los datos biográficos de muchos jugadores de póquer; y Kathy Watterson por su capítulo sobre el póquer en Internet.

El mundo del póquer es demasiado amplio para agradecer individualmente a todas las personas a quienes quisiéramos extender nuestro reconocimiento: los crupiers, jugadores, cajeros, porteros, camareros, supervisores, gerentes y demás personal auxiliar de los casinos, quienes compartieron con nosotros generosamente sus experiencias en las salas de póquer. A todos un sentido gracias. Y gracias también a los amigos y familiares que siempre han alentado nuestros proyectos, incluso cuando entrañan riesgos y apuestas.

Un agradecimiento especial merecen los colaboradores de *Card Player Magazine*, quienes poseen en conjunto una reserva infinita de conocimientos, sabiduría y consejos sobre póquer y siempre están dispuestos a compartirlos.

Dedicatoria

De Lou: Dedico este libro a Abby, David y Karen, y a todos los primos Lubchansky cuyos abuelos viajaron a América con poco más que una maleta y sus sueños de inmigrantes. Su sueño me permitió darme el enviable lujo de vivir bien escribiendo libros y jugando al póquer.

De Richard: Dedico este libro a los socios de mi firma de abogados que han jugado al póquer conmigo desde hace muchos años. ¡Gracias por su dinero, muchachos!

Póquer para Dummies ™

Etiqueta de póquer en casa

Lo que debe hacer...

✔ **Sea honesto:** No trate de engañar con la cantidad que mete en el pozo ni de hacer trampa de ninguna otra manera.

✔ **Juegue con rapidez:** A nadie le gusta un jugador lento.

✔ **Sea un buen ganador:** No se regocije en exceso de sus éxitos ni se burle de los demás jugadores.

✔ **Sea un buen perdedor:** No maldiga ni arroje las cartas. Por ningún motivo insulte a los demás jugadores.

✔ **Avise si planea marcharse pronto:** Es de elemental cortesía decirles a los demás si planea retirarse temprano.

✔ **Respete su turno:** Si actúa cuando no sea su turno, podría perjudicar la mano de otro jugador.

Lo que no debe hacer...

✔ **Darle consejos a un jugador en plena partida:** Esta situación siempre acarreará algo malo para usted: o el jugador que pidió el consejo se molestará si no le va bien, o la persona que pierda contra ese jugador se pondrá furiosa.

✔ **Mirar la mano de otro jugador, a menos que se lo autorice.**

✔ **Jugar al póquer con alguien que se llame "Doyle" o "Amarillo Slim":** Esos tipos son demasiado buenos para una partida doméstica.

Consejos sobre la administración del dinero

Teóricamente una partida de póquer nunca termina, así que tenga en cuenta estas sugerencias:

✔ Si está participando en una buena partida y está jugando bien, siga ahí a menos que tenga otras obligaciones.

✔ Si está participando en una mala partida, sálgase ya... sin importar si está ganando o perdiendo.

✔ Si se siente estresado, tiene gripe o por cualquier otro motivo no está en plena forma, es mejor que no juegue: sus dolencias terminarán reflejándose en su banca.

Póquer para Dummies™

Algunas estrategias para blofear

La próxima vez que quiera blofear en la mesa de póquer, recuerde estos consejos:

✔ **Tenga en cuenta el número de jugadores a los que tendrá que engañar.** No se le ocurra tratar de engañar a más de dos oponentes a menos que tenga razones sólidas para creer que se saldrá con la suya.

✔ **Entienda que no necesariamente el blof tiene que funcionar para que sea la decisión correcta.** Al fin y al cabo, por lo general sólo está arriesgando una apuesta para llevarse un pozo entero repleto de apuestas. Es suficiente con que el blof funcione sólo unas veces para que sea la opción correcta. E incluso si lo atrapan blofeando, esto puede suponer un éxito si en lo consiguiente insta a sus contrincantes a igualar cuando usted está apostando una mano fuerte.

✔ **Evite blofear con jugadores expertos o mediocres.** Más bien, dirija sus blofs a los buenos oponentes. Los jugadores expertos por lo general tenderán a detectar su engaño, mientras que los jugadores mediocres tenderán a igualar.

✔ **No engañe por el simple gusto de hacerlo.** Algunos jugadores blofean sólo por hacerse publicidad. Eso es innecesario. Hágalo si cree que tiene una posibilidad razonable de salirse con la suya. Le servirá de publicidad porque algunos de sus blofs parecerán verosímiles independientemente de lo bien que evalúe sus posibilidades de éxito.

✔ **Nunca trate de engañar con una mano inútil cuando ya no queden más cartas por repartir.** Más bien, piense en un semiblof, que le permitirá llevarse el pozo de dos maneras: sus oponentes podrían retirarse, o usted podría completar su proyecto.

✔ **Aproveche la oportunidad de blofear si todos sus oponentes pasan en la ronda de apuestas previa.** Es incluso mejor si todos han pasado en una ronda costosa de apuestas. Pero sus probabilidades se reducen si las nuevas cartas sobre la mesa parecen haber ayudado a uno de sus adversarios.

✔ **Implique manos específicas.** Los blofs que parecen representar manos específicas, como un color o una escalera, tienen más posibilidades de tener éxito que las apuestas que parecen surgir de la nada.

Sumario

Capítulo 9: La Series Mundiales y el EPT (circuito europeo de póquer) 229

Capítulo 10: La informática: un buen atajo para dominar el póquer 235

Parte V: Los decálogos *275*

Prólogo

Por Chris Moneymaker
Campeón de las Series Mundiales de Póquer

*A*unque yo había jugado al póquer por Internet,
en salas especializadas y en casinos, nunca me
había puesto a estudiar en profundidad el juego. Para
ahondar en el conocimiento del póquer no basta
con dedicar un montón de horas a jugar (cosa que
yo sí hice). También es necesario estudiar con seriedad el tema, y ahí es donde interviene *Póquer para
Dummies*.

Desde que el póquer se empezó a popularizar, en las
librerías abundan los libros sobre el juego. Hay unos
muy buenos y otros pésimos. Pero incluso los buenos
no presentan un panorama lo suficientemente amplio
del póquer como para permitirle al lector descubrir
rápidamente las variedades más populares; además, la
inmensa mayoría de los libros parten de un supuesto a
menudo erróneo: que el lector ya sabe jugar al póquer.

Mucha gente ha jugado algo al póquer en algún momento de su vida pero, ¿cuántos se han sentado en
un casino o en una sala de póquer y han jugado seriamente por dinero? La lectura de *Póquer para Dummies* le permitirá entender bien el póquer y aprender
cómo se juega en diferentes lugares: en casa, en las
salas de póquer y en los grandes casinos.

El póquer se juega de muchas maneras diferentes; las
cosas han cambiando desde hace treinta o cuarenta

años, cuando la variedad de juego que prevalecía era el póquer de descarte. Hoy en día, en la mayoría de las salas de póquer se juegan diferentes modalidades: Texas Hold'em, 7 Card Stud y Omaha Hi/Lo. *Póquer para Dummies* lo encauzará por el camino indicado para aprender y dominar todas estas variantes, y lo hará con el estilo ligero y divertido que caracteriza la serie, asegurándole una experiencia interesante y entretenida.

Ojalá alguien me hubiera dado este libro hace algunos años. En cierto sentido, confieso que preferiría que Richard Harroch y Lou Krieger no lo hubieran escrito. La competencia cuando gané las Series Mundiales de Póquer en 2003 fue feroz, y en la medida en que más personas lean este libro, cada año habrá mejores jugadores.

Tuve la fortuna de ganar el Campeonato Mundial de Póquer en el 2003 y de irme a casa con 2.5 millones de dólares. Sin embargo, cerca ya de la mesa final, ¡en plena partida uno de los jugadores sacó un ejemplar de *Póquer para Dummies* y se puso a leer!

Ahora también usted podrá aprovechar este libro. Los jugadores de póquer suelen decir "es mejor tener suerte que ser bueno". Pero con este libro y un poquito de suerte, a lo mejor también usted termine en la mesa final del campeonato del mundo.

El póquer es un juego divertido, entretenido y desafiante, todo lo cual hace que valga la pena leer *Póquer para Dummies*. Dedíquele algunas horas y a lo mejor podrá competir con los chicos grandes (y las chicas grandes) antes de lo que piensa.

Introducción

••••••••••••••••••••••••••••••••

*L*a gran profusión de películas del Oeste y baladas sobre pistoleros ha convencido al mundo de que el póquer es el juego estadounidense por excelencia. Sin embargo, sus raíces se remontan a cientos de años atrás.

Se dice que los persas practicaban hace varios siglos un juego similar al póquer. Los alemanes jugaban en el siglo XVI un juego basado en el blof, denominado *Pochen*. Y hubo más tarde una versión francesa llamada *poque*. Los franceses llevaron el juego a Nueva Orleáns y allí se popularizó con la ayuda de las barcazas a vapor y rueda que navegaban por el río Mississippi.

El *poque* pronto se empezó a llamar *poker*, y durante la Guerra Civil de Estados Unidos se modificaron las reglas para mejorar las manos.

La imagen del póquer también se ha modificado con el tiempo, aunque es común evocar todavía cualquiera de estas tres imágenes:

El póquer como el juego de los tahúres, unos tipos de bigote fino, manos rápidas y pistola escondida en la manga, que viajaban en las barcazas que surcaban el Mississippi, o como el pasatiempo de los pistoleros del salvaje Oeste (hombres como Doc Holliday, Wild Bill Hickok y Bat Masterson): "Bienvenido a Dodge City, amigo. Deje las armas en la oficina del *sheriff* y acerque una silla a la mesa".

Otra imagen que suele asociarse al póquer proviene de la película *El golpe*. Unos gángsters de Chicago en los años treinta, una mesa redonda, una lámpara suspendida del techo que ilumina el denso humo de los cigarros, tipos con fundas para guardar sus revólveres automáticos, una botella de whisky barato en la mesa y un "gorila" plantado en la puerta.

También es común asociar el póquer con una imagen más amable, la del tío Jack y la tía Gertie sentados a la mesa de la cocina en un hogar en Estados Unidos, jugando por unos centavos que, de alguna manera, los sobrinos siempre terminan ganándose.

El póquer ha sido todas estas cosas y muchas más. Aunque los autores de este libro son demasiado jóvenes como para haber apostado con Doc Holliday o jugado con Al Capone, ambos están familiarizados con la versión doméstica del juego nacional de cartas de Estados Unidos.

Desde fines de los años ochenta, sin embargo, el póquer ha experimentado un renacimiento, un reverdecer, si se quiere decir así. El póquer de la actualidad es limpio, luminoso y aireado — un juego de clase media. Igual que los bolos y el billar, el póquer ha dejado atrás esa imagen de juego de antros oscuros y ahora resplandece a la luz del día. En cualquier lugar en donde viva, es probable que haya un casino relativamente cerca. El póquer está por doquier. Basta buscarlo, y para encontrarlo no hay que ir muy lejos.

En el mundo entero se juegan cientos de versiones del póquer en los hogares, en casinos y en salas especializadas. La gente juega por unos céntimos en la mesa de la cocina o profesionalmente por cientos de miles de dólares en los casinos.

Por qué necesita este libro

Si nunca antes ha jugado seriamente al póquer, quizás se pregunte por qué necesita un libro sobre el tema. ¿Por qué no puede sentarse simplemente a una mesa con unos cuantos amigos o ir a un casino amistoso y aprender sobre la marcha?

En efecto, se puede aprender de esa manera a jugar al póquer, pero existen mejores formas de hacerlo. La escuela consistente en aprender a base de encajar golpes puede resultar costosa, y no existe ninguna garantía de que salga de la experiencia con un diploma.

El póquer existe desde hace mucho tiempo y nunca había sido tan popular como ahora. Con el avance de las computadoras personales, que ahora se encuentran en cada casa, en los años recientes se ha investigado muchísimo el juego y algunos de sus conceptos subyacentes se han ido modificando. Los jugadores que no se mantengan al día quedarán rezagados.

Un libro de referencia como *Póquer para Dummies* explica las reglas básicas de las variedades más populares del póquer y brinda un sólido enfoque estratégico que le permitirá jugar bien en poco tiempo.

Sin duda encontrará muchos jugadores de póquer que nunca han leído un libro sobre el tema. Algunos incluso desprecian a esta nueva clase de jugadores estudiosos. Un puñado de jugadores autodidactas pueden ser bastante hábiles, pero no es el caso de la mayoría. Incluso si llevan veinte años jugando, eso no garantiza que no hayan estado repitiendo los mismos errores día tras día, mes tras mes y año tras año.

Si uno no es consciente de sus errores, no logra corregirlos. Y no piense que sus contrincantes se los van a señalar. Al fin y al cabo, en el póquer se apuesta dinero. Y si uno encuentra un fallo en el juego del otro, procurará explotarlo lo más posible.

Lo que suponemos acerca de usted

Suponemos que usted tiene este libro en sus manos por distintas razones. Tal vez nunca antes ha jugado al póquer y ni siquiera sabe qué es un *full*. En el libro explicamos los conceptos básicos, de modo que es ideal para usted.

O quizás ha jugado al póquer desde niño y por alguna razón siempre pierde. Conoce las reglas, pero no sabe cómo ganar. Pues bien, este libro sin duda le ayudará. Ofrecemos todo tipo de consejos, trucos y estrategias. Es hora de que se levante de la mesa de póquer con dinero en el bolsillo.

Si es un experto del póquer, también puede sacar provecho de lo que le ofrecemos. Tal vez varias de nuestras sugerencias lo sorprendan, y sin duda extraerá lecciones de algunas de las anécdotas que incluimos.

Cómo usar el libro

Éste es un libro de referencia, no un manual. Esto significa que puede leerlo como quiera. No tiene que leer el libro de principio a fin para entender lo que estamos diciendo. Supongamos que usted conoce muy bien las reglas pero quiere información sobre cómo administrar el dinero de sus apuestas. Vaya al capítulo 7 y empiece a leer. Quizás sólo le interese aprender los fundamentos del juego y dejar la información más avanzada para después. En ese caso, puede leer los primeros cinco capítulos y dejar de lado el libro hasta que esté listo para abordar los demás. Y si nos quiere complacer de verdad, lea el libro de principio a fin. Le prometemos que lo disfrutará.

Cómo está organizado el libro

Procuramos que la información en cada capítulo forme una unidad y sea suficiente por sí misma, y agrupamos los capítulos en partes. He aquí qué cubre cada parte:

Parte I: Cómo jugar

El póquer abarca varias variantes y le enseñamos cómo jugar las principales. Desde el Texas Hold'em y el 7 Card Stud hasta el Omaha, le indicamos no sólo las reglas de las diferentes variantes, sino también estrategias efectivas y métodos para mejorar.

Parte II: Estrategia avanzada

Jugar y ganar al póquer implica mucho más que un golpe de suerte en el reparto de las cartas, y esta parte incluye dos aspectos bastante importantes del juego: el blof y la administración del dinero. El capítulo 6 presenta algunas pautas sobre cómo blofear y cómo detectarlo en los demás jugadores. En el capítulo 7 recurrimos a las matemáticas para ayudarle a decidir cómo proceder cuando está ganando, perdiendo o va nivelado en sus finanzas.

Parte III: Computadoras, casinos y salas de juego

Se puede jugar al póquer en distintos lugares, no sólo en el sótano lleno de humo de la casa de su mejor amigo. La gente juega al póquer contra oponentes generados por computadora, y lo más emocionante es que ahora se puede utilizar Internet para disputar partidas también con personas de carne y hueso del mundo entero. Le informamos además qué sucede en los torneos de póquer, incluidas las Series Mundiales y el circuito europeo de póquer (EPT).

Parte IV: Más diversión con el póquer

Esta parte breve contiene información que no pudimos incluir en los otros apartados. En el capítulo 12 nos referimos a la jerga particular del póquer y a los mitos acerca del juego que seguramente escuchará con frecuencia. En el capítulo 13 presentamos recursos adicionales que le permitirán perfeccionar sus habilidades en el juego.

Parte V: Los decálogos

Todos los libros de la serie ...*para Dummies* incluyen al final listas, y éste no es una excepción. Le indicamos diez maneras de leer las jugadas de sus contrincantes y otros consejos de gran utilidad.

Iconos utilizados en este libro

Uno de los rasgos distintivos de los libros ...*para Dummies*, además de sus autores de primera línea y las llamativas cubiertas en amarillo y negro, es el uso de iconos, que son esos dibujitos que ubicamos en los párrafos especialmente importantes. El siguiente es el significado de los iconos:

Una sugerencia que le ayudará a jugar mejor.

Una nota que le advertirá sobre una situación peligrosa.

Un concepto general que no debe olvidar.

A dónde dirigirse ahora

Eso depende de usted. Revise la tabla de contenidos para ver qué le llama la atención. O examine el índice en busca de un tema que le interese. O empiece por el capítulo 1 y no se detenga hasta el final.

Parte I
Cómo jugar

The 5th Wave   **Rich Tennant**

"VEO QUE OTRA VEZ HAS ESTADO JUGANDO A LAS
CARTAS EN VEZ DE PRACTICAR LAS SUMAS Y RESTAS".

En esta parte...

*E*l póquer se compone de varios juegos e indicaremos cómo jugar los más populares. Desde el Texas Hold'em y el 7 Card Stud hasta el Omaha, veremos no sólo las reglas básicas de cada variante, sino también estrategias efectivas y métodos para mejorar el juego.

Capítulo 1

Fundamentos del póquer

• •

En este capítulo

▶ Entender los fundamentos del póquer

▶ Examinar los valores de las manos

▶ Estructurar una buena base para ganar

▶ Familiarizarse con las reglas generales y la etiqueta

▶ Reconocer diferentes tipos de oponentes

▶ Jugar en un casino

▶ Participar en una partida

▶ Diferenciar el póquer de casino y las partidas domésticas

• •

Si están desamparados y no se pueden defender, usted está en la partida adecuada.

—*Mike Caro, reconocida autoridad en el mundo del póquer*

*E*l póquer es el juego nacional de cartas en Estados Unidos, y su popularidad crece día a día. Desde Mississippi y Michigan hasta Nuevo México y Dakota del Norte se juegan incesantemente partidas. Si quiere familiarizarse con este mundo, descubrirá que se juega en réplicas de barcazas fluviales del siglo XIX y también en territorios tribales de los nativos norteamericanos. Se puede jugar al póquer en sencillas salas de juego o en elegantes megaclubes en el condado de Los Angeles, en donde es posible llegar a jugar simultáneamente ciento cincuenta partidas (con límites de apuestas que van desde un dólar hasta cifras inimaginables) las veinticuatro horas del día.

Pero también se juega al póquer en el mundo entero, en cientos de versiones que se practican en los hogares y casinos y las salas especializadas. Se juega en Inglaterra, Irlanda, Francia, Holanda, España, Alemania, Australia, Nueva Zelanda, Aruba, Costa Rica... La gente juega por unos centavos en la mesa de la cocina o profesionalmente por cientos de miles de dólares.

Este libro está dirigido a lectores que no saben mucho de póquer. Si usted ha jugado en su casa o en las de sus amigos pero nunca en un casino, también le será de gran ayuda. Incluso si se considera un buen jugador, sin duda el libro mejorará sus manos.

El póquer y el sueño americano

El póquer siempre ha sido un microcosmos de todo lo que admiran los estadounidenses de la virtud de sus ciudadanos. Es parte del tejido social que han estado conformando como nación. Se le podría llamar el sueño americano: la convicción de que el trabajo duro y la virtud triunfarán, de que cualquier persona dispuesta a trabajar con ahínco tendrá éxito, de que el bien triunfa sobre el mal. Es el sueño del inmigrante, un mantra de esperanza; es un himno generalizado.

El póquer parece un juego sencillo. Se diría que cualquiera lo puede jugar bien pero, desde luego, no hay nada más lejos de la realidad. Tal vez sea fácil aprenderse las reglas, pero convertirse en un buen jugador exige bastante más tiempo. Con todo, cualquier persona que esté dispuesta a hacer el esfuerzo puede llegar a jugar bastante bien. Se triunfa en el póquer como se triunfa en la vida: acometiéndolo de frente, levantándose antes que el vecino y trabajando con más empeño e inteligencia que los rivales.

El póquer es bueno para usted

El póquer es bueno para usted: enriquece el alma, agudiza el intelecto, calma el espíritu y, si se juega bien, le llenará la cartera.

Sobre todo, el póquer obliga al jugador a afrontar la realidad y acometerla de frente. Desde luego, la gente puede hacer caso omiso de esas realidades; muchos jugadores lo hacen. Son los que pierden sistemáticamente, y en vez de asumir las deficiencias de su juego insisten en culpar a la suerte, al crupier, la baraja o cualquier otra cosa, salvo a sí mismos.

Sin embargo, el póquer también puede ser malo para usted si no conoce las estrategias clave y sus propios fallos. Pero no se desanime. Aquí estamos nosotros para guiarlo por los caminos pedregosos e impulsar su educación en el póquer.

Quizás quien mejor lo ha dicho es el escritor y jugador británico de póquer, Anthony Holden. En *Big Deal: A Year As A Professional Poker Player* escribe: "Le guste o no, el carácter de un hombre se desnuda en la mesa de póquer; si los demás jugadores son capaces de interpretarlo mejor que él mismo, sólo él tendrá la culpa. A menos que pueda y quiera verse como lo ven los demás, con todo y sus defectos, perderá en las cartas, y también en la vida".

Su reto mientras aspire a ganar al póquer es el siguiente: esté dispuesto a examinar su carácter y su juego. Si lo hace y tiene por lo menos un mínimo talento, podrá triunfar.

Antes de poner cara de póquer

Igual que una casa, el póquer requiere cimientos. Sólo cuando los cimientos estén firmes se podrá construir sobre ellos. Cuando todos los elementos estructurales estén en su lugar, podrá añadir ornamentaciones y toques decorativos. Pero no se puede empezar a embellecer la casa hasta que se hayan puesto los cimientos, se haya construido la estructura y los demás elementos esenciales estén ya en su sitio. Ése es nuestro propósito en este capítulo: empezar por el principio y darle las nociones básicas de lo que necesita antes de comenzar a jugar.

Planeamiento y disciplina

Algunos jugadores de póquer, apenas un puñado, son verdaderamente geniales para el juego: tienen un talento inexplicable, tipo Picasso, que no se puede definir con facilidad y que por lo general hay que ver para creerlo. Pero incluso en ausencia de tal genialidad —y la mayoría de los jugadores ganadores no son genios innatos—, el póquer es una habilidad que se puede aprender. La capacidad inherente ayuda, pero en realidad no se requiere una dosis excesiva de talento. Al fin y al cabo, no es preciso ser Van Cliburn para tocar piano, Picasso para pintar o Michael Jordan para jugar al baloncesto. Lo que sí se necesita para convertirse en un jugador de éxito es tener un plan sólido para aprender el juego y también disciplina.

✔ **Diseñar una estrategia:** Si aspira a ganar en el póquer, necesitará un plan para aprender el juego. Aunque el aprendizaje a base de palos podría haber sido suficiente hace veinte o treinta años, casi todos los grandes jugadores de la actualidad han complementado sus experiencias en la mesa de juego con sólidas bases teóricas. Existe una gran cantidad de información para aprender el juego. Consulte en el capítulo 15 nuestro plan de aprendizaje, así como los libros y los sitios web que sugerimos.

✔ **Disciplina:** Todo el conocimiento estratégico del mundo no le garantiza el éxito a ningún jugador de póquer. Las características personales son igualmente importantes. El éxito exige un cierto carácter, además de conocimientos estratégicos. A los jugadores indisciplinados, por ejemplo, les es difícil ganar sistemáticamente por mucho que sepan de estrategia. Si uno carece de la disciplina necesaria para renunciar a malas manos iniciales, ningún conocimiento remediará este defecto.

El conocimiento sin disciplina no pasa de ser un potencial no realizado. Jugar con disciplina es la clave para evitar perder la camisa... o la ropa interior.

Si puede aprender a jugar al póquer a un nivel semejante al de un buen músico o un artista comercial, sabrá lo suficiente para ganar sistemáticamente. No tiene que ser un campeón mundial como Doyle Brunson, Phil Hellmuth, Johnny Chan o Tom McEvoy. Las habilidades de un buen jugador de póquer le permitirán complementar sus ingresos o, mejor aún, le permitirán vivir del juego. Si luego se convierte en el mejor jugador que puede llegar a ser, eso debería ser suficiente para garantizar que jugará con éxito toda la vida.

El objetivo del juego

El objetivo del póquer es ganar dinero llevándose el pozo (*pot*), que contiene las apuestas hechas durante la mano por diversos jugadores.

Un jugador apuesta con la esperanza de tener la mejor mano, o para dar la impresión de que tiene una buena mano y convencer así a sus oponentes de *retirarse* (abandonar sus manos). Como el dinero que se ahorra es tan valioso como el que se gana, saber cuándo renunciar a una mano que parece perdida es tan importante como saber cuándo apostar. En la mayoría de variantes del póquer, la mejor combinación de cinco cartas es la mejor mano.

Número de jugadores

Por lo general entre dos y diez jugadores pueden tomar parte del juego, aunque todo depende de la modalidad. En casi todos los juegos de casino se admiten ocho jugadores para un juego de siete cartas como el Stud, y nueve o diez para el Texas Hold'em.

La baraja

En casi todas las modalidades de póquer se emplea una baraja estándar de cincuenta y dos cartas. En el póquer de descarte, a veces se agrega a la baraja un *joker*. No se trata de un comodín, pero en el póquer de descarte se puede utilizar como un as adicional o para completar una escalera o un color.

Fichas de póquer

Aunque use monedas o garbanzos para apostar en casa, nada supera la sensación de jugar con fichas genuinas. Originalmente hechas de barro, las fichas de póquer ahora se fabrican con un plástico o amalgama duradera (las de plástico son un poco más resbaladizas que las de amalgama, por lo cual son más difíciles de manipular).

Hay fichas disponibles en una amplia variedad de colores y modelos. Los diseños y los bordes de las fichas de casino varían por motivos de seguridad, pero los colores por lo general se ajustan a una serie de valores tradicionales:

1	Blanca
5	Roja
25	Verde
100	Negra
500	Púrpura o lavanda

Si quiere darles un toque tipo Las Vegas a sus partidas domésticas, utilice fichas genuinas. La siguiente es una lista de la cantidad de fichas que requerirá:

3 a 4 jugadores	300 fichas
5 a 6 jugadores	400 fichas
7 a 8 jugadores	500 fichas
Partidas con más jugadores o partidas múltiples	1,000 fichas

Los fundamentos del juego

El póquer es un juego de fácil aprendizaje, aunque uno puede pasarse la vida entera tratando de dominarlo con maestría. Se gana dinero llevándose el *pozo*, que es el dinero o las fichas que se apuestan al jugar cada *mano* (o ronda), desde las primeras cartas repartidas hasta cuando se descubren en el momento de mostrarlas *(showdown)*. La mano también se refiere a las cinco cartas que posee un jugador.

Se puede ganar una mano de cualquiera de las dos siguientes formas:

✔ **Usted descubre (revela) la mejor mano al concluir todas las rondas de apuestas.** Si dos o más jugadores todavía están activos cuando terminan las rondas de apuestas, muestran sus manos. El pozo se lo lleva el jugador que tiene la mano superior en esta confrontación.

✔ **Todos los oponentes retiran sus manos.** Retirar una mano (o simplemente retirarse) significa que un jugador renuncia a reclamar el pozo al no igualar la apuesta de un oponente.

En este caso, es posible que tenga la mejor mano o que blofee: no importa. Cuando los rivales renuncian a reclamar el pozo, éste es suyo.

En juegos como el 7 Card Stud y el Texas Hold'em, la mejor mano es la más alta (para más detalles sobre manos altas, vea la sección "Valores de las manos" en este capítulo).

En *juegos de pozo dividido*, dos jugadores comparten el pozo. Por ejemplo, en el Omaha Hi/Lo (con pozo dividido entre alta/baja, y también conocido como Omaha 8), la mejor mano alta y la mejor mano baja comparten el pozo (siempre y cuando alguien tenga una mano baja compuesta por cinco cartas sin pareja con un valor de 8 o menos). La peor mano baja posible sería 8-7-6-5-4, mientras que la mejor mano baja es 5-4-3-2-A. Aunque en las variantes de pozo dividido siempre habrá una mano alta, no necesariamente habrá una mano baja. Cuando no hay una mano baja, la mano alta se lleva la totalidad del pozo.

Casi todos los juegos requieren apuestas iniciales (*ante*) o apuestas ciegas (*blind*); vea el recuadro "Terminología de las apuestas", en este capítulo. Si se utilizan apuestas iniciales, cada jugador debe poner una cantidad determinada de dinero para que le repartan cartas. En cuanto a las apuestas ciegas, uno o dos jugadores tienen que hacer una apuesta o una fracción de una apuesta antes de que se reparta la mano. Este requerimiento rota por la mesa, siendo obligatorio que cada jugador (o jugadores, si son dos) cumpla el requisito cuando sea su turno para ello.

Cada vez que se reparte una ronda de cartas, los jugadores tienen la posibilidad de pasar, apostar, retirarse, igualar o subir. Cuando un jugador decide renunciar al pozo, puede retirar su mano cuando le llegue el turno de *actuar* (hacer algo relacionado con la apuesta: subir, retirarse, pasar o igualar). Cuando un jugador retira su mano, no tiene que poner más dinero en el pozo. Si un jugador apuesta o sube y nadie iguala, el pozo se lo lleva ese jugador, se recogen y se barajan las cartas y se reparte la siguiente mano. Si al finalizar la mano hay dos o más jugadores todavía activos, la mejor mano se lleva el pozo.

Aunque existen reglas diferentes para cada modalidad, el póquer en realidad es bastante simple. No obstante, en medio de su simplicidad tiene una estructura rica en matices que siempre resulta fascinante y, para algunos, es una fuente permanente de placer.

Valores de las manos

El Texas Hold'em y el 7 Card Stud son las dos variedades más populares de póquer, y en ambas gana la mano de mayor valor. Ambos se juegan con una baraja de cincuenta y dos cartas —no interviene el joker— compuesta de cuatro *palos:* espadas, corazones, diamantes y tréboles. Cada palo tiene el mismo valor, y hay trece cartas de distinto valor en cada palo. El as es la carta de mayor valor, seguido por el rey, la reina, el joto y el 10 hasta llegar al 2, en orden descendente. El as también se puede utilizar como la carta de menor valor en una escalera de cinco ascendente (5-4-3-2-A).

Aunque el Stud y el Texas Hold'em se juegan con siete cartas, la mejor mano se refiere a la mejor mano de cinco cartas. Los valores altos se definen en función de la probabilidad. Cuanto menos probable resulte la mano, más valiosa será. Vea en la figura 1-1 el valor de las manos, en orden descendente.

Escalera real de color y escalera de color

Una *escalera real de color* es simplemente una escalera de color con el as como carta de valor más alto, y es la mejor mano posible. Sólo hay cuatro: A♠K♠Q♠J♠10♠; A♥K♥Q♥J♥10♥; A♦K♦Q♦J♦10♦; A♣K♣Q♣J♣10♣.

Una *escalera de color* corresponde a cinco cartas del mismo palo en secuencia, como 9♥8♥7♥6♥5♥ o Q♦J♦10♦9♦8♦.

Póquer

El *póquer* es una mano de cinco cartas compuesta por las cuatro cartas del mismo valor más una carta

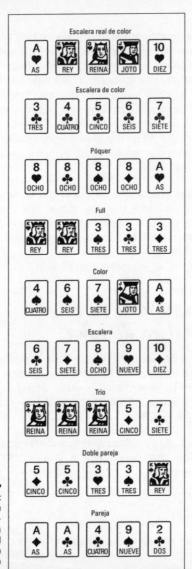

no relacionada, como J♥J♠J♦J♣5♣. Cuanto más alto sea el valor, mejor es la mano. Por ejemplo, una mano con cuatro reyes le gana a otra con cuatro jotos.

Full

Tres cartas de un mismo valor y una pareja de otro valor constituyen un *full* (*full house*, en la terminología inglesa). El valor de un *full* está determinado por el grupo de tres cartas, no por la pareja. Una mano como 9♥9♠9♦5♣5♣ se llama "*full* de nueves con cincos".

Color

Un *color* corresponde a cinco cartas cualquiera del mismo palo (las cartas no son secuenciales; si formaran una secuencia, se trataría de una escalera de color). Si hay más de un color, la mano ganadora es determinada por el orden de valor de la carta o cartas más altas. Por ejemplo, un color compuesto de A♥Q♥J♥6♥5♥ se considera más alto que A♣Q♣J♣4♣3♣.

Escalera

Cinco cartas consecutivas, no del mismo palo, conforman una *escalera*. Si en la confrontación se muestra más de una escalera, la carta más alta en la secuencia determina la mano ganadora. Por ejemplo, una escalera compuesta de J♥10♠9♦8♦7♣ superará a otra formada por 9♠8♠7♦6♠5♣.

Trío

Tres cartas del mismo valor, junto con dos cartas no relacionadas, se denominan *trío*. Una mano de 8♣8♥8♠K♦4♣ sería un "trío de ochos".

Doble pareja

Dos cartas de igual valor con otras dos cartas del mismo valor y una quinta carta no relacionada reciben el nombre de *doble pareja*. El valor más alto determina qué mano de doble pareja es superior. En el caso de que dos jugadores muestren doble pareja y ambos tengan la misma pareja, el valor de la segunda pareja determina el ganador. Si ambos jugadores tienen exactamente las mismas dobles parejas, entonces el valor de la carta secundaria (la no relacionada) determina la mano ganadora. Si la mano es idéntica, los jugadores se reparten el pozo. Por ejemplo, Q♣Q♥8♠8♦4♣ ("reinas y ochos") es superior a Q♠Q♦5♣5♠K♦ ("reinas y cincos").

Pareja

Se compone de dos cartas de un mismo valor y tres cartas no relacionadas. Si dos jugadores tienen la misma pareja, el valor de las cartas secundarias define el ganador.

Carta mayor

Corresponde a cinco cartas no relacionadas. Cuando ningún jugador tiene una pareja, el orden de valor de las cartas no relacionadas establece la mano ganadora. Por ejemplo, si David tiene A-Q-9-6-3 y Adriana tiene A-J-10-3-2, gana David porque A-Q tiene un valor superior al de A-J.

Manos bajas

En juegos de pozo dividido, como Omaha Hi/Lo, se lleva la mitad del pozo la mejor mano baja compuesta de cinco cartas no relacionadas con valor de 8 o menos. Una mano como 7♣6♥4♠3♦A♣ le gana a 7♦6♣5♥3♠A♦, pero pierde frente a 7♠4♥3♥2♣A♠.

Para determinar la mejor mano baja se requiere un poco de práctica, pero si siempre empieza con la más alta de las cartas bajas y continúa en orden descendente, no se equivocará.

Apuestas

Sin las apuestas, el póquer sería simplemente un juego de azar determinado sólo por la suerte, y la mejor mano siempre ganaría. La apuesta es la esencia del póquer y el objetivo del juego es minimizar las pérdidas cuando se tiene una mano mediocre y elevar las ganancias al máximo cuando se tiene una mano buena.

En cada ronda de apuestas se requiere que el jugador que actúa primero pase o apueste. Cada jugador a la izquierda del jugador que actúa primero puede pasar o apostar si nadie más ha apostado. Quien apuesta primero hace la *apuesta de apertura*. Si se ha hecho una apuesta, los otros jugadores pueden retirarse, igualar o subir.

Cuando un jugador se retira, pierde las fichas que ha puesto en el pozo y no participa más en la mano. Después de la ronda final de apuestas, la confrontación (*showdown*) entre los jugadores todavía activos define quién gana la mano.

Las distintas variantes del juego tienen tipos específicos de apuestas:

✔ En un juego de *límite fijo (fixed limit)*, nadie puede apostar o elevar la apuesta más que un número predeterminado de fichas. Sin embargo, este límite por lo general varía según la ronda del juego. Así pues, un juego de 10 USD-20 USD significa que las primeras dos rondas de apuestas tienen un límite de 10 USD, mientras que en las últimas dos se permiten incrementos de 20 USD. En Texas Hold'em, con cuatro rondas de apuestas, los límites de las apuestas casi siempre se doblan en la tercera ronda.

✔ En un juego *con límite del pozo* (o *pot limit*), las apuestas o las subidas sólo tienen como límite la cantidad de dinero que haya en el pozo en el momento en que se realiza la apuesta. Un jugador que sube la apuesta puede contar su igualada como parte del pozo. Por ejemplo, si hay 10 USD en el pozo y alguien apuesta 10 USD, un jugador que sube puede igualar esa apuesta, con lo que el pozo queda en 30 USD, y luego subir por el importe del pozo completo. Si hace esto, el pozo tendrá 60 USD.

✔ En un juego *sin límite (no limit)*, un jugador puede apostar o subir en cualquier cantidad de fichas que tenga en frente suyo en cualquier momento.

En la mayoría de los juegos con límite se permite una apuesta y tres subidas por ronda.

Reglas del juego

Llámense reglas, convenciones o etiqueta de póquer, las siguientes son algunas pautas comunes a todas las modalidades del juego, sobre todo cuando la partida tiene lugar en clubes o casinos. Aunque puede haber algunas variaciones menores según el lugar, en muchos casinos de cartas procuran seguir una serie uniforme de normas.

Apostar todo

Si un jugador no tiene suficiente dinero para cubrir las apuestas y las subidas, se dice que va *all-in* (apuesta todo), y sólo compite por la parte del pozo que cubre su dinero. Otros jugadores activos en la mano pueden hacer apuestas, pero esas apuestas constituyen un pozo al margen. Cuando finaliza la mano, se define primero el pozo al margen, y luego el pozo principal. El jugador que va *all-in* no puede ganar el pozo al margen, pues no invirtió dinero en él, pero sí se puede llevar el pozo principal. Puede comprar más fichas o poner en la mesa más dinero entre mano y mano.

Pocas de las cosas que se ven en las películas del Oeste suceden en los casinos o salones de póquer.

Terminología de las apuestas

A continuación presentamos algunos términos que describen la acción desarrollada durante una partida de póquer:

✔ **Apuesta:** La apuesta de una determinada cantidad de dinero que hace un jugador en una partida de póquer. Las apuestas se pueden hacer con *límites fijos (limit)*, como 3 USD y 6 USD. El *límite del pozo* (o *pot limit*) es otra modalidad de apuesta, en la que un jugador puede apostar cualquier cantidad hasta el importe total que tiene el pozo en ese momento. En el póquer sin límite se permite a los oponentes apostar cualquier cantidad de dinero que tengan frente a ellos (para mayor información sobre apuestas, vea la sección "Apuestas" en este capítulo).

✔ **Apuesta ciega (*blind*):** Una apuesta que obligatoriamente tiene que hacer uno o más jugadores antes de que se repartan las cartas. La apuesta ciega cumple la función de la apuesta obligatoria. El requerimiento de hacer una apuesta ciega rota en la mesa de mano en mano, de modo que la obligación de efectuar esta apuesta vaya pasando de un jugador a otro. Las apuestas ciegas son usuales en el Texas Hold'em y en el Omaha. En casi todos los juegos de casino hay dos ciegas: una ciega grande y una ciega pequeña. Estas ciegas se consideran *vivas*, lo cual significa que los jugadores que realizan la apuesta ciega tienen la posibilidad de subirla cuando les vuelva a tocar el turno.

✔ **Apuesta obligatoria (ante):** La suma simbólica de dinero que aporta cada jugador antes de que se repartan las cartas. Estas apuestas iniciales se utilizan en el

7 Card Stud y en muchas otras variedades del juego.

✔ **Igualar:** Igualar la apuesta poniendo esa misma cantidad de dinero en el pozo.

✔ **Pasar:** Es el equivalente de una apuesta de cero. Cuando pasa, el jugador conserva el derecho de igualar cualquier apuesta hecha por un oponente que actúe después de él, o incluso la puede subir. Pero si alguien ya ha apostado cuando le llega el turno de actuar, ya no puede pasar y sólo podrá retirarse, igualar o subir la apuesta.

✔ **Pasar en falso:** Pasar y luego subir si uno de sus oponentes apuesta. Esto generalmente se hace para atrapar a los jugadores en una o dos apuestas, cuando el que lo hace tiene una mano muy buena.

✔ **Retirarse:** Optar por no igualar o subir una apuesta. Al retirarse, el jugador renuncia a participar en el pozo.

✔ **Subir:** Aumentar la apuesta con una suma igual a la de su oponente, o con una suma mayor si el juego es con límite del pozo o sin límite.

Los jugadores no abandonan el juego en la mitad de una mano para ir a buscar el título de propiedad de su rancho con el fin de cubrir con él una apuesta. No se puede sacar a alguien de un pozo simplemente apostando más dinero del que él tiene frente a sí. El jugador que tiene una provisión limitada de fichas va _all-in_, al igualar con lo que le queda de fichas. Si pierde el jugador que apuesta todo, entonces compra más fichas o abandona el juego.

No igualar y subir (string raise) en un movimiento doble

En las películas del Oeste, alguien siempre está diciendo "...ésa es una apuesta grande, vaquero. Igualo sus veinte", al tiempo que toma otras fichas de su pila y, con la mirada fija para causar efecto, agrega arrastrando las palabras: "...¡y subo cuarenta!" Por dramática que parezca esa acción, no la verá nunca en una partida de póquer de verdad. Igualar una apuesta para enseguida tomar otras fichas y anunciar una subida se denomina *string raise*. No se permite. Con seguridad alguien gritaría: "*¡String raise!*" El crupier entonces le informaría a quien quiere subir la apuesta que se produjo un *string raise* y que por lo tanto debe retirar el aumento y limitarse a igualar. Ahora bien, si alguno grita "*¡string raise!*" y alguien dice "está bien, acepto el aumento", tenga la seguridad de que su mano afronta problemas... ¡graves problemas!

La regla del *string raise* impide que un jugador analice las reacciones de sus oponentes mientras pone las fichas en el pozo, para enseguida decidir que sube la apuesta si cree que tiene una mejor mano.

Cómo subir una apuesta

Si quiere subir una apuesta, simplemente diga "subo". Enseguida, tome de su montón la cantidad requerida de fichas. Si quiere que sus actos anuncien su intención, por lo general se pone en el pozo la cantidad correcta de fichas y se realiza todo en un solo movimiento. De lo contrario... es un *string raise*.

No salpicar

Evite *salpicar* el pozo: no arroje las fichas al centro de la mesa para que se mezclen con las demás. Más bien, apile ordenadamente sus fichas sobre la mesa, a unos cuarenta y cinco centímetros frente a usted. El crupier las arrastrará hasta el pozo cuando se haya completado la acción en esa ronda de apuestas.

Si es la primera vez que acude a una sala de juego pública, infórmeselo al crupier para que le ayude con la mecánica de la partida. Al cabo de unas cuantas sesiones ya estará familiarizado con la mayoría de los procedimientos. Muy pronto también usted se sentirá como un cliente habitual.

Proteger la mano; las cartas hablan

En un casino, a diferencia de muchas partidas domésticas, usted es siempre responsable de su mano. Si la arroja al *mazo de descartes*, su mano queda inservible y no podrá ganar. La regla en todas las salas de juego es que *las cartas hablan*: su mano vale lo que valen las cartas que tiene. Los crupiers, sin embargo, pueden cometer errores. Si cree que su mano es la mejor, descúbrala y anúnciela al resto de jugadores. Ponga sus cartas a mitad de camino entre sus fichas y el pozo, sin soltarlas, mientras el crupier define el resultado.

Si no está seguro de que su mano es la mejor, descubra todas las cartas al finalizar la mano y permita que el crupier la lea. Si está en un club de póquer o un casino y existe duda o debate, incluso si la mano ya finalizó, las cámaras de seguridad del local pueden revisar las manos que se descubrieron con el fin de determinar el ganador.

Table stakes

Casi todos los juegos, incluidos la mayoría de los juegos de casino, son *table stakes*. Esto significa que los jugadores no pueden agregar fichas o dinero a la cantidad que tienen delante mientras se está jugando la mano. Si un jugador se queda sin dinero durante la mano, sólo podrá competir por la fracción del pozo que cubran sus apuestas. No puede sacar más dinero de la cartera, como sí es posible hacer en una partida casera. Desde luego, sí puede agregar más dinero a su banca entre una mano y otra.

Tiempo

Cuando no esté seguro de algo, lo mejor es pedir "¡tiempo!" Esto congela la acción. Así podrá pedir que le aclaren sus dudas antes de actuar. La etiqueta del póquer sugiere que no se debe abusar de este privilegio, sobre todo si se trata de una partida en la que se cobra una tarifa por sentarse a la mesa. Los jugadores por lo general quieren un juego rápido y eficiente, con el menor número posible de interrupciones.

Barajas y crupiers

Los crupiers (también conocidos como *dealers*) y las barajas por lo general se rotan cada media hora.

Además, los jugadores que no están contentos con sus cartas tienden a exclamar "¡cambio de baraja!" En casi todos los salones de juego permiten el cambio después de que una baraja se ha utilizado durante una ronda completa.

Aspectos sutiles: etiqueta

Las reglas y la etiqueta del póquer ayudan a mantener ágil y ordenado el juego. Estas convenciones forman parte del juego, tanto como las cartas mismas. De hecho, al jugar al póquer de casino por primera vez, es posible que le tome más tiempo acostumbrarse a la etiqueta que al juego en sí.

No olvide los siguientes aspectos del protocolo del póquer:

✔ **Actúe cuando sea su turno:** Se espera que cada jugador actúe cuando sea su turno a medida que el juego procede alrededor de la mesa, en el sentido de las agujas del reloj. Si alguien apuesta y usted decide descartar su mano, espere a que le llegue el turno de actuar. Actuar a destiempo no sólo es descortés, sino que le puede dar una importante ventaja a uno de sus rivales. Si esa persona sabe que usted se va a retirar, le será más fácil blofear y eso sería injusto con los demás jugadores. En el póquer, como en casi todo, se considera cortés esperar el turno.

✔ **Mantenga sus cartas a la vista:** Con el fin de mantener la integridad del juego, es importante que los participantes mantengan sus cartas a la vista cuando se juega una mano. La mejor manera de proteger una mano es mantenerla sobre la mesa y mirar las cartas ocultándolas con las manos y levantando una punta para mirarlas. En una variedad como el Texas Hold'em, en la que los jugadores sólo tienen dos cartas delante de sí, se acostumbra dejarlas sobre la mesa después de haberlas mirado, y poner una ficha encima de ellas. Eso le indica al crupier que su mano sigue activa.

✔ **No hable sobre su mano durante el juego:** Hablar sobre su mano con otros, incluso si se ha retirado y ya no compite por ese pozo, podría revelar información que le podría dar una ventaja injusta a otro jugador. Si quiere conversar con un vecino sobre su mano, espere hasta que ésta haya terminado.

✔ **Dé propina:** Ésta es una práctica habitual: dar una propina al crupier cuando se gana el pozo. En los casinos de póquer, las propinas constituyen una parte apreciable del ingreso de los crupiers. La cantidad a la que ascienda el pozo y los límites de las apuestas del juego por lo general determinan el importe de la propina. Si usted es principiante en póquer de casino, observe cómo actúan los demás jugadores de la mesa.

¿Cómo serán sus rivales?

Los tipos de jugadores con quienes compartirá la mesa en una sala de póquer variarán según los límites del juego. Si está participando en juegos de límites bajos, no va a codearse con el más reciente campeón de las Series Mundiales de Póquer, los mejores jugadores de cartas de la localidad o las leyendas del juego. Aunque hay muchas maneras de clasificar a los oponentes, la forma más fácil es agruparlos en cuatro tipos: jugadores ocasionales, jugadores habituales, jugadores profesionales y jugadores pagados.

Jugadores ocasionales

A los jugadores ocasionales les encanta el juego pero, hasta cierto punto, no les importa ganar o perder. Juegan por diversión. Hacerlo no pasa de ser una afición y, por mucho que pierdan, el póquer es menos costoso que criar caballos o restaurar automóviles clásicos, por mencionar algunos de los cientos de *hobbies* que devoran dinero.

Si usted no puede ganarle a una mesa llena de este tipo de rivales, más vale que busque algo mejor que hacer en su tiempo libre. Sin embargo, nadie reconocerá abiertamente que es un jugador esporádico. Si alguien lo admite, cuidado. Lo más probable es que no lo sea, y queda advertido: preste atención cuando le suba una apuesta.

Jugadores habituales

Los jugadores habituales pueden ser de muchos tipos. Se incluyen jubilados, amas de casa, estudiantes, gente sin horario laboral fijo, crupiers que juegan antes o después de su turno y casi cualquier otra persona que se imagine. Algunos participan a menudo en partidas grandes. Dé por hecho que todos los jugadores habituales con quienes juegue tienen más experiencia que usted. Incluso si usted es un buen jugador pero apenas está haciendo el tránsito de las partidas caseras al póquer de casino, ellos seguramente le ganarán durante un tiempo. Al fin y al cabo, están en forma. Usted, en cambio, está en la etapa de entrenamiento y necesitará algo de tiempo para adaptarse a este entorno completamente nuevo.

Los jugadores habituales y los jugadores ocasionales constituyen el grueso de los devotos del póquer. Algunos son buenos, la mayoría no, pero juegan con regularidad.

Jugadores profesionales

En casi todas las partidas grandes encontrará jugadores profesionales y semiprofesionales. En términos generales, estos jugadores no participan en juegos con límites inferiores a 10 USD-20 USD. Aunque a un jugador profesional le sería más fácil ganar en partidas con límites de apuestas más bajos, no podría ganarse la vida con partidas de 2 USD-4 USD. En las mesas de límites más bajos usted estará compitiendo con jugadores habituales u ocasionales, no con profesionales. Pero cuando avance a límites más altos, posiblemente se topará con algunas personas que se ganan la vida total o parcialmente jugando al póquer.

Jugadores pagados

Los jugadores pagados (*props*) juegan con dinero propio pero el club les paga un salario para que ayuden a iniciar o a mantener partidas. Por lo general los encontrará bien avanzada la noche, en momentos en que el club está intentando mantener a la gente jugando, y temprano por la mañana, cuando el club está procurando iniciar nuevas partidas.

La vida de un jugador pagado puede ser difícil. No siempre es un lecho de rosas participar en juegos sin suficientes personas o en partidas que pugnan por despegar. Si un cliente quiere su puesto, el jugador pagado tiene que cedérselo, a menudo cuando el juego apenas está empezando a rendir fruto. Los jugadores pagados por lo general juegan mejor que la mayoría de los jugadores habituales, pero no tan bien como los profesionales. Su rasgo característico es que tienden a ser conservadores.

Muchos recién llegados a los salones de póquer entran en pánico cuando hay en su mesa un jugador pagado. Como recibe del casino una remuneración, los demás suelen creer que tiene una gran ventaja. Eso no es cierto. Ellos apuestan su propio dinero, y siempre y cuando sean confiables y mantengan una banca activa, al club le importa muy poco si ganan o pierden. Sospecho que, si hubiera la posibilidad de escoger, en la sala de juegos preferirían emplear a un jugador débil en vez de uno fuerte, simplemente porque el débil apuesta más. De hecho, el jugador pagado ideal sería un jugador malo con una personalidad ganadora y una banca ilimitada.

Jugar en un casino

El póquer de casino es muy diferente de las partidas domésticas típicas. Aunque el póquer en casa se caracteriza por la camaradería y las variantes poco habituales del juego, existen muchas razones por las cuales vale la pena jugar en una sala de juegos pública. El principal factor es que siempre hay una partida en curso; de hecho, con frecuencia hay muchas partidas activas las veinticuatro horas del día, siete días a la semana.

Otra ventaja importante de las salas de juego públicas, sobre todo en los clubes de póquer de gran tamaño ubicados en núcleos urbanos, es la seguridad que ofrecen. En estos lugares tienen crupiers profesionales, personal propio y videos de seguridad similares a los de cualquier casino de Las Vegas, con el fin de garantizar la buena marcha de las partidas. Como la gente circula por los salones con grandes sumas de dinero, allí hay más guardias de seguridad que en los bancos. Las zonas de aparcamiento están bien iluminadas y vigiladas, lo que evita crímenes y delitos. Como en la mayoría de los clubes grandes ofrecen cambio de cheques, cajas de seguridad y cajeros automáticos, no hay necesidad de llevar en el bolsillo sumas elevadas de dinero. También se pueden utilizar los *bancos de jugadores* disponibles en muchos de estos clubes. Aunque no manejan cheques, funcionan como cuentas bancarias convencionales salvo por el hecho de que se encuentran ubicados en un casino. Es posible depositar o sacar dinero cuando se requiera.

En una sala de cartas pública nunca se siente presión para quedarse. A nadie le importa si uno abandona el juego tras haber ganado. Por lo general, alguien más está esperando para ocupar la vacante. Sin embargo, hay que pagar para jugar. Cuesta más jugar en un casino que en casa, donde lo único que paga es el costo de los alimentos y las bebidas.

En los casinos existe la posibilidad de elegir la modalidad de juego. Si no le apetece una partida de Omaha Hi/Lo, puede decantarse por el Texas Hold'em o el Stud. Si en su mesa hay jugadores débiles, los puede castigar continuamente. En las partidas caseras, los jugadores débiles terminan por convertirse en ex jugadores si no logran ganar al menos de vez en cuando.

Descubrirá que el ritmo de una partida de casino es más rápido que el de la mayoría de las partidas domésticas. Los crupiers de los casinos procuran mantener un ritmo ágil. Si usted está jugando en una partida en la que se paga cada determinado tiempo, abonará la misma tarifa por media hora de juego, independientemente de cuántas manos se repartan. Por consiguiente, los crupiers actúan con eficiencia y se espera que los jugadores tomen decisiones rápidas.

En las partidas en casa usted probablemente hace cosas que no puede hacer en un salón de juegos. Nadie mira las cartas que se descartan. El crupier se ocupa exclusivamente de la baraja. Uno juega sin la ayuda del vecino.

Cómo entrar en una partida

Al entrar en una sala de juegos de cartas, posiblemente vea una pizarra blanca llena de iniciales de jugadores. Estas iniciales aparecen debajo de las partidas disponibles. Por ejemplo, si entra en un casino grande, tal vez vea que hay siete jugadores antes que usted esperando una partida de Texas Hold'em 2 USD-4 USD. Indique sus iniciales a la persona que se ocupa de la pizarra y dígale en qué partidas quiere participar.

Más razones para jugar al póquer de casino

Jugar en un casino sin duda ofrece más ventajas que jugar en casa: se obtiene en el juego más variedad, seguridad y eficiencia. Si nunca antes ha jugado al póquer en un casino y quiere intentarlo, las siguientes son otras razones por las cuales vale la pena:

✔ Incluso las partidas más rudas tienen un aspecto social: ricos, pobres, jóvenes, viejos, estudiantes, ejecutivos, estrellas de cine, amas de casa; gente de todas las razas, colores y credos... a todos los puede encontrar en el casino.

✔ Si adquiere habilidad, tendrá una afición rentable. El golf, el tenis y la navegación a vela cuestan dinero, mientras que miles de personas ganan dinero jugando al póquer.

Podría decir: "Mis iniciales son ABC. Póngame en las partidas Texas Hold'em 2 USD-4 USD, 3 USD-6 USD y 5 USD-10 USD, en Stud 5 USD-10 USD y en Omaha Hi/Lo 4 USD-8 USD".

Eso es todo. Sencillísimo. Sus iniciales figurarán en la pizarra para cada una de las partidas que solicitó, y lo llamarán a medida que se liberen puestos. Si la lista de la pizarra correspondiente a una determinada partida particular es tan larga que el club inicia otra, el encargado la anunciará e irá llamando a los jugadores en el orden en que aparecen en la lista. Cuando escuche sus iniciales, vaya a la mesa y tome uno de los asientos vacíos. Ya está dentro de la partida.

En algunas salas de juego no utilizan pizarra. En ese caso, simplemente dé al encargado sus iniciales o su nombre y hágale saber en qué partidas quiere participar. En las salas pequeñas, donde sólo hay una o dos mesas, pregúntele al crupier si hay un puesto disponible o si hay una lista de espera.

Comprar fichas

Cuando se siente para comenzar la partida, el crupier o el supervisor le preguntarán cuánto quiere en fichas. Cada juego tiene una cantidad mínima. Entregue su dinero al supervisor y él lo canjeará por fichas. En los casinos grandes hay empleados encargados de esta tarea; uno de ellos tomará su dinero y le anunciará a la mesa que "el puesto cinco (o el que ocupe) está jugando con 200 USD detrás", por ejemplo. Eso significa que compró 200 USD y que ya le van a entregar las fichas. Puede jugar esa mano, aunque todavía no hayan llegado las fichas. El crupier le prestará algunas o mantendrá el cálculo de cuánto le debe usted al pozo. Sus fichas probablemente lleguen cuando termine la primera mano.

Barajar y repartir

Quizá no lo haya notado, pero en un casino el acto de barajar es mucho más riguroso que en una partida con crupiers aficionados. Los jugadores domésticos no suelen conocer la mecánica de una buena barajada y muchos no tienen la destreza manual requerida para realizar el procedimiento. Los crupiers bien entrenados de los casinos toman la baraja de manera tal que las cartas estén de cara a los jugadores, y a menudo las mezclan antes sobre la mesa. Luego viene un procedimiento de cuatro pasos: barajar, barajar, mezclar y barajar. Finalmente, el crupier corta la baraja y reparte. El procedimiento es eficiente y rápido, y está diseñado de modo que no se ve ninguna carta durante todo el proceso.

En qué se diferencia el póquer de casino de los juegos domésticos

Si ha observado algunas partidas en un club de cartas mientras espera un puesto libre, habrá notado que los jugadores no juegan tantas manos como lo hacen en las partidas amistosas que se disputan en casa. Aunque en estas últimas casi nunca hay un acuerdo explícito de jugar todas las manos, debido al ambiente de camaradería que las distingue, muchos jugadores simplemente juegan muchas manos. Eso no sucede en un casino. Los jugadores son más selectivos. No obstante, los principales errores que cometen casi todos es jugar demasiadas manos e igualar en rondas iniciales de apuestas cuando han debido retirarse.

Más selectivas que las partidas domésticas

Las partidas de límite bajo en las salas, aunque más selectivas que las disputadas en casa, son, sin embargo, demasiado indiscriminadas. En las partidas selectivas tienden a entrar en los pozos los jugadores con las manos más fuertes, mientras que en las partidas no selectivas entran más jugadores de los que en realidad deberían entrar. Si usted simplemente juega en estos juegos de límite bajo mejores cartas iniciales que sus oponentes, lo normal es que sea un *favorito* (favorecido para ganar dinero en el largo plazo).

Sin embargo, no será favorito desde el comienzo en cualquier partida. Como le tomará algo de tiempo familiarizarse con el juego de salón, contemple seriamente la posibilidad de empezar con partidas de límites muy bajos. Con seguridad le tocará pagar por las lecciones aprendidas las primeras cinco o diez veces que juegue en una sala de juegos pública, y no hay motivo para pagar por ellas más de lo necesario.

Si pasa de las partidas amistosas en casa al juego en una sala de póquer, en especial si está acostumbrado al tipo de juego por diversión en el que se apuesta el máximo, pronto se dará cuenta de que no puede jugar cada mano, o incluso no puede jugar muchas manos. Necesita normas. Y esto es válido para todas las modalidades de póquer.

Los jugadores son más precavidos

Bobby Baldwin, quien fue campeón mundial de póquer, hizo el siguiente comentario sobre sus días iniciales en la mesa: "Divagaba por ahí, tratando de decidir qué manos debía jugar, en qué manos debía subir la apuesta y cuáles debía descartar". Si no se tienen normas, dijo, "hay que usar el 90 por ciento de la concentración para decidir cada vez qué hacer con una mano. Toda esa energía mental se debería poder dedicar a estudiar a los oponentes y a tratar de descifrar los detalles que hacen esa mano ligeramente diferente de otras vistas antes".

El consejo de Baldwin es sucinto: "Nunca participe en un juego sin tener una serie preconcebida de pautas

Consejos de Johnny Moss

"Para aprender cualquier juego, hay que buscar a los mejores jugadores y jugar con ellos".

"En una competición que de otra forma resultaría igualada, la persona con más concentración casi siempre gana".

"Si teme perder su dinero, no podrá jugar para ganar".

"Nadie gana todo el tiempo, de modo que cuando pierda tiene que aprender lo más posible de la experiencia, y luego dejarla pasar. Olvídela".

(Tomado de *Johnny Moss: campeón de campeones,* de Don Jenkins.)

[normas iniciales] que le indiquen cuáles deben ser sus manos mínimas para igualar y subir".

De hecho, usted no está obligado a jugar todas las manos que le repartan. Retirarse cuando tiene una mano débil y poco rentable a largo plazo es la mejor opción. Cada modalidad de póquer tiene una serie de buenas manos y usted las irá descubriendo a medida que lea este libro. Por ahora, basta con recordar que debe retirarse de más manos de las que acabe jugando.

Las partidas son más ágiles

Es probable que las primeras veces que juegue en un casino lo sorprenda la velocidad de las partidas. Quizás también piense que los jugadores de los casinos son mejores que sus oponentes en las partidas amistosas, pero después de familiarizarse con el entorno descubrirá que todos están a la par. Casi ninguno de los jugadores de los casinos es un estudioso del juego. Los jugadores ocasionales sólo quieren divertirse. Y la mayoría de los jugadores habituales, que tienen distintos niveles de habilidad, no se toman el trabajo de estudiar el juego. Aunque muchos han estado jugando en salas de póquer desde hace años, repiten los mismos errores una y otra vez.

Cuando juegue por primera vez en una sala pública, no se preocupe demasiado por el nivel de habilidad de sus oponentes. Si estudia y juega, pronto se pondrá a la par o los superará. Mediante la práctica y el estudio frecuentes, usted podrá mejorar a un ritmo mucho más rápido que el de ellos.

Capítulo 2

Consideraciones
estratégicas esenciales

· ·

En este capítulo

▶ Saber qué es y qué no es el póquer

▶ Entender los fundamentos del juego

▶ Obtener una perspectiva sobre la teoría de las probabilidades

▶ Examinar estrategias ganadoras

▶ Afrontar las malas rachas

· ·

Cualquier jugador de póquer necesita tener conocimientos estratégicos básicos. Si no tiene bases para decidir si debe igualar, retirarse, subir o volver a subir, más le valdría jugar a la lotería. Desde luego, ganará ocasionalmente, porque todo el mundo tiene suerte de vez en cuando. Pero sin estrategia ni conocimientos, no ejercerá ningún control sobre su destino con las cartas.

Si escogiera al azar cien jugadores de póquer y les preguntara cuál es el objetivo del juego, seguramente la mayoría diría algo sobre ganar el pozo, pero estarían muy lejos de la verdad.

La meta del póquer —además del placer de jugar— es ganar dinero, no pozos. Si su meta fuera ganar el mayor número posible de pozos, sería fácil cumplirla. Simplemente tendría que jugar todas las manos e igualar todas las apuestas y subirlas, hasta el amargo final. Ganaría muchos pozos. De hecho, ganaría todos los pozos que permitieran sus cartas. Pero perdería dinero. Mucho dinero, y además, rápidamente.

De modo que el objetivo del póquer es ganar dinero. Y eso significa temperar el entusiasmo con un poco de realismo, siendo selectivo en lo que respecta a las manos que juegue. No es indispensable ir adelante con todas. Los mejores jugadores juegan relativamente pocas manos pero, cuando entran en un pozo porque las posibilidades están a su favor, por lo general son agresivos y buscan elevar al máximo la cantidad que ganan.

Ésta es la esencia del póquer: cualquiera puede ganar a corto plazo, pero a largo plazo los mejores jugadores ganan más dinero que sus adversarios con las manos buenas, y pierden menos dinero que ellos con las manos débiles.

Debido al factor de suerte a corto plazo que entraña, el póquer es un juego en el que incluso los jugadores terriblemente malos pueden disfrutar de noches ganadoras, y de hecho así es. Esto no ocurre, sin embargo, en otros esfuerzos competitivos: la mayoría de nosotros no tendría nada que hacer frente a un jugador profesional de baloncesto, ni contra un saque a 200 km/hora en un partido de tenis del Grand Slam. Y sin embargo, casi todos pensamos que somos buenos jugadores de póquer.

Si se hiciera un sondeo en cualquier mesa de póquer, la mayoría de los presentes se definiría como bastante mejor jugador que el promedio. Pero eso no es cierto. No puede ser. A largo plazo los buenos jugadores les ganan a los malos jugadores, aunque los malos jugadores ganarán suficientes veces como para seguir insistiendo.

Esta mezcla sutil de habilidad y suerte equilibra el juego. Ese equilibrio también recompensa a los jugadores buenos y realistas que evalúan sus habilidades y las de sus rivales. Este capítulo le ayudará a desarrollar esas habilidades.

Qué es y qué no es el póquer

El póquer no es un juego sino una variedad de juegos que emplea como elementos estratégicos y tácticos el valor de las manos, las apuestas y el blof. En algunas modalidades, como el 7 Card Stud, el Texas Hold'em, el póquer de descarte de cinco cartas y el Omaha, gana la mejor mano. ¿Cuál es la mejor mano? Cuanto más inusual sea la mano, más valdrá. Así pues, una escalera de color, que tiene muchas menos probabilidades de completarse que un *full*, tiene un mayor valor. Por eso un trío le gana a la doble pareja, que a su vez le gana a una pareja.

Si todo esto no basta para confundirlo, también hay juegos de pozos divididos, en los que se reparten el pozo la mano más alta y la mano más baja. Para ello, la mano baja tiene que componerse de cinco cartas sin pareja con valor de 8 o menos. Si no hay una mano baja, la mano alta se lleva la totalidad del pozo.

En los casinos, el juego de pozo dividido más popular es el Omaha Hi/Lo.

Todos fuimos principiantes alguna vez

Al comienzo, todos fuimos malos jugadores: usted, yo, el tipo que se está llevando todo el dinero en su mesa esta noche e incluso todo jugador que alguna vez haya ganado las Series Mundiales de Póquer. Todos fuimos malos. También los campeones. ¿Talento innato? Desde luego, lo tenían, fueron bendecidos con él, pero todos tuvieron que trabajar largo y duro para refinarlo.

De modo que no se lamente por su actual nivel de habilidad como jugador de póquer. Puede mejorar, y lo hará si está dispuesto a pagar el precio. Todo buen jugador de póquer ha estado en donde usted está ahora, y ha mejorado. Ciertamente, algunos progresaron a zancadas, mientras que otros fueron avanzando paso a paso, un paso después del otro, hasta alcanzar la meta.

Construir los cimientos primero...

Puede alcanzar sus metas en materia de póquer. Usted sí tiene cierto potencial innato como jugador de póquer, y si le importa mucho ganar, debe construir unos cimientos que le ayuden a desarrollar cuanto antes su potencial. Todos los que han progresado desde el nivel de neófitos y jugadores competentes hasta el de expertos y superestrellas tienen un rasgo en común: construyeron cimientos sólidos, y esos cimientos les permitieron extender las alas y volar.

Pero en el póquer, como en la vida misma, no se puede volar antes de haber construido los cimientos y haber alcanzado la maestría en los aspectos básicos. Si todavía está luchando con los rudimentos del juego, aún no está listo para volar. Una vez que esos fundamentos se graben en su conciencia y los pueda ejecutar instintivamente, entonces, y sólo entonces, podrá pensar en desviarse de ellos y mejorar.

Conceptos básicos

Sus primeros esfuerzos se deben concentrar en aprender los conceptos básicos del juego. Incluso si los entiende, este conocimiento se debe aplicar continuamente. El conocimiento y las habilidades que componen la capacidad básica para jugar al póquer no son una píldora que se traga una sola vez: es preciso refinarlos continuamente.

Andrés Segovia, el mejor guitarrista clásico de su generación, no pasaba la mayor parte de su tiempo de práctica aprendiendo nuevas piezas o ensayando el repertorio de un concierto. Segovia dedicaba el 75 por ciento de su tiempo de práctica a los fundamentos, y lo hacía a diario. Tendrá que creernos: eso también es válido para el póquer.

Entender las apuestas ciegas y las apuestas obligatorias

Toda partida de póquer empieza con una búsqueda de apuestas obligatorias o ciegas. Una apuesta obligatoria, o *ante,* es una pequeña fracción de una apuesta que todos los jugadores ponen al comienzo de cada mano para alimentar el pozo.

Una apuesta *ciega* es una apuesta que ponen uno o más jugadores antes de que se repartan las cartas. En los juegos de tipo Stud, los jugadores por lo general utilizan la apuesta obligatoria; en el Texas Hold'em y el Omaha, utilizan la apuesta ciega. Independientemente del tipo de apuesta, en todo juego se necesita un dinero inicial para empezar la acción. Sin él, los jugadores podrían esperar todo el día una mano invencible antes de jugar por el pozo.

Jugar por un pozo vacío haría lenta y aburrida cualquier partida. Las apuestas ciegas y las obligatorias cumplen el propósito de atraer jugadores, animándolos a participar en el pozo porque hay un incentivo monetario.

Conocer a los rivales

Supongamos que está jugando Texas Hold'em y le repartieron A♥K♥, y sus oponentes son Ricardo y Bárbara, dos jugadores que tienden a igualar las apuestas con excesiva frecuencia.

"Estupendo", piensa usted cuando mira el *flop* (las tres primeras cartas comunes) y ve J♥5♥9♣. "Tengo posición, dos cartas en la manga más altas que las de la mesa y un proyecto de color invencible". Recuerda algo sobre el semiblof y sus probabilidades implícitas, y cuando sus rivales pasan, usted apuesta. Ellos igualan su apuesta. El *turn* (la cuarta carta común) es el 4♠, los otros pasan y le toca a usted. Usted apuesta, pensando que quizás con eso sus oponentes se retiren y usted gane el juego ya.

Quizá incluso usted tiene la mejor mano y podría ganar en una confrontación inmediata. Tal vez un corazón —o un as o un rey— llegará en el *river* (la quinta y última carta común). Pero está jugando con jugadores que duermen muy bien todas y cada una de las noches y que están firmemente convencidos de que nadie les roba nunca un pozo.

El *river* no ayuda: sale 4 . Ricardo y Bárbara vuelven a pasar. Usted todavía podría tener la mejor mano, si la muestra. Pero apuesta y le igualan la apuesta, y pierde frente a Ricardo, que tiene 6-5 de distinto palo.

"¿Qué salió mal?", se pregunta. "Tenía la oportunidad perfecta para un semiblof". Perfecta sólo desde la perspectiva de las cartas sobre la mesa y de las que tenía en la mano. Pero no tenía nada de perfecta si hubiera considerado las características de sus rivales. Su error fue pensar únicamente en las cartas al escoger su estrategia. El semiblof no funciona con los jugadores que siempre igualan la apuesta; hay que mostrarles la mejor mano para quedarse con el dinero. Aunque usted no hubiera podido hacer nada para ganar ese pozo, sí hubiera podido ahorrarse una apuesta en el *river*.

La estrategia en sí no tenía nada de malo. Podría haber funcionado con las mismas cartas, si las de sus oponentes hubieran sido diferentes. Para ganar en el póquer, conocer a sus rivales es tan importante como entender los conceptos estratégicos.

La estrategia depende de las situaciones. Los jugadores hábiles se dan cuenta de que tienen que estar atentos al conjunto, sin descuidar los detalles. Entender los conceptos estratégicos es sólo parte de la batalla. Es igualmente importante saber cómo y en qué circunstancias aplicarlos. Si logra hacer esto, se habrá convertido en un mejor jugador, y además más creativo.

Prepararse para ganar

El éxito exige preparación. El conocimiento, junto con la preparación y la experiencia (y el talento innato que uno tenga), equivale al *know-how*. Eso se requiere para ser un jugador ganador.

El primer paso para eliminar los malos hábitos es hacerse responsable de uno mismo. Adopte la presunción irrevocable de que usted es responsable de lo que le suceda en la mesa de póquer. Si culpa de su suerte a otras fuerzas, estará negando su responsabilidad.

¿Cuántos malos jugadores hacen falta para lograr una buena partida?

En una simulación por computadora se introdujeron los perfiles de nueve jugadores programados para actuar de la misma manera. Se dieron instrucciones a la computadora para que simulara tres millones de manos de Texas Hold'em 20 USD–40 USD. A treinta manos por hora, 2,000 horas por año, eso equivalía a cincuenta años jugando al póquer.

Después de todo ese tiempo, el ganador principal sólo logró una ventaja de 60,214 USD, y el peor jugador perdió 35,953 USD. Puede parecer mucho dinero, pero ese resultado, trasladado a otra escala de tiempo, nos hace ver que estamos hablando de unas ganancias casi simbólicas: 60 céntimos/hora para el mejor jugador y 35 céntimos/hora para el peor perdedor. Algo prácticamente irrelevante.

El experimento se repitió con siete jugadores idénticos, pero modificando a los otros dos para que fueran deficientes en las decisiones que tomaban durante las partidas: uno de ellos estaba programado para ser excesivamente selectivo y el otro estaba programado para ser muy poco selectivo.

Los resultados: el Sr. Demasiado Selectivo perdió 3 millones, mientras que el Sr. Muy Poco Selectivo perdió casi 4 millones de dólares. Los otros siete jugadores, todos, salieron ganadores en esta partida: el que más ganó obtuvo 1.2 millones de dólares, y el que menos ganó obtuvo casi 800,000 USD.

Son resultados bastante significativos y muestran la importancia de afinar los criterios para definir cuáles manos son buenas y cuáles son malas. Con sólo incluir dos jugadores deficientes (y no jugaron tan mal, sólo un poco menos bien que sus oponentes), el ganador principal pasó de 60 céntimos/hora a 12 USD/hora: un incremento de veinte veces.

Estas simulaciones permiten inferir la importancia que tiene la selección de juegos para el éxito a largo plazo de un jugador ganador. ¿Por qué es tan importante? Porque cada decisión subsiguiente que se toma en la mesa de juego tiene que ver únicamente con la mano que se está jugando. La selección de juegos, sin embargo, tiene implicaciones sobre cada mano que se decida jugar —o no jugar— en la mesa.

Algo de perspectiva en el póquer

En los últimos años se ha escrito más sobre el póquer que en toda la historia del juego. Por ello, una vez se haya propuesto alcanzar las estrellas, tendrá que decidir por dónde empezar. Si aspira a la maestría en el juego, el primer paso, y quizás el más importante, es desarrollar una perspectiva que le permita ubicar cada trozo de información, cada dato, cada hecho, en una estructura jerárquica. Al fin y al cabo, algunas cosas son mucho más importantes que otras y más vale que concentre sus esfuerzos en donde más provecho rindan.

Por qué algunas tácticas son importantes y otras no

Imagine que le pudiéramos enseñar una estratagema fabulosa que requiriera bastante estudio y práctica para perfeccionarla, pero que una vez aprendida, se pudiera utilizar para ganarle una apuesta extra a un oponente. ¿Y qué tal que también le garantizáramos que la estratagema fuera a prueba de fallos? ¿Le interesa el asunto?

Pero supongamos también que le dijéramos que esta táctica sólo funciona en circunstancias muy especiales que ocurren más o menos una vez al año. ¿Aun así querría invertir el tiempo que exigiría aprenderla? Lo más probable es que no. Si bien su habilidad para ejecutar esta maniobra podría darle fama de jugador duro, el hecho de que sólo la pudiera utilizar una vez al año la haría inútil. En el curso de un año de partidas, una apuesta extra no equivale a una montaña de fichas. Ni siquiera a un montoncito.

Decisiones frecuentes

Las oportunidades tácticas repetitivas son importantes. Incluso cuando la suma de dinero atribuible a una decisión equivocada es pequeña, si ese error se comete con frecuencia terminará por convertirse en una suma importante. Un buen ejemplo es defender siempre su ciega pequeña en Texas Hold'em. En cada ronda tendrá que decidir cuándo lo hace. Si siempre la defiende, estará invirtiendo parte de una apuesta en ocasiones en que no conviene hacerlo. Al cabo de un año, esos errores suman.

Supongamos que está jugando Texas Hold'em 10 USD-20 USD con ciegas de 5 USD y 10 USD y decide defender siempre su ciega pequeña, incluso cuando le reparten manos como 7♥2♣. Para no complicarnos, supondremos que su ciega pequeña nunca se sube. Con base en la distribución aleatoria de cartas, es probable que le repartan una mano inservible cerca de un tercio de las veces. A una tasa de treinta manos por hora, le repartirán la ciega pequeña tres veces cada sesenta minutos. Si usted siempre iguala, terminará igualando una vez cada hora cuando en realidad no ha debido hacerlo. Eso equivale a sólo 5 USD por hora, pero después de 1,000 horas de póquer significa que habrá regalado 5,000 USD. Eso suma, ¿no le parece?

Decisiones costosas

Para jugar correctamente se requiere buen juicio, de aquél que se deriva de la experiencia, no de los libros. No importa cuán hábil se acabe volviendo un jugador, jamás llegará a tomar estas decisiones siempre de forma totalmente correcta. No se preocupe; eso no es importante. Limítese a errar evitando cometer equivocaciones catastróficas, y estará bien encaminado.

Las decisiones que cuestan bastante dinero cuando se presentan, incluso si esto ocurre sólo esporádicamente, también son importantes. Si no puede decidir si iguala la apuesta o se retira cuando ya todas las cartas están repartidas y su oponente apuesta en un pozo bastante grande, ésa es una decisión importante. Si comete un error al igualar una apuesta cuando ha debido retirarse y su oponente se lleva el pozo, eso es un error, aunque no crítico, pues sólo le cuesta una apuesta. Pero si usted se retira teniendo la mano ganadora, eso es un error fundamental, pues su precio fue el pozo entero.

Ahora bien, no le estamos aconsejando que iguale sobre la última carta todas las veces que alguien apueste y usted no esté seguro de tener la mejor mano. Pero decidir igualar en vez de retirarse no tiene que funcionar con demasiada frecuencia para ser un error de apreciación. Si el costo de una retirada equivocada es diez veces más alto que el precio de una igualada equivocada, sólo tiene que acertar ligeramente más del 10 por ciento del tiempo para que valga la pena igualar.

Decisiones y acciones subsiguientes

Las decisiones también pueden ser importantes según la posición que ocupen en la jerarquía de decisiones. Las que vienen primero en una larga secuencia de decisiones siempre son importantes, porque las decisiones subsiguientes se suelen basar en la decisión inicial. Si desde el inicio toma una decisión incorrecta, corre el riesgo de que cada decisión subsiguiente sea incorrecta, sin importar qué haga. Por eso, con cuáles manos empieza en el póquer suele ser una decisión mucho más importante que la manera en que juegue en rondas futuras de apuestas. Si adopta una filosofía de "cualquier carta puede ganar", tendrá que prepararse para un descalabro que incluso los mejores jugadores no podrían superar en rondas posteriores.

La decisión individual más importante

Escoger el juego correcto es la decisión más importante que afrontará como jugador de póquer. Si elige el juego equivocado, lo demás poco importará. Si elige el juego apropiado, quizás gane dinero en noches en que le esté tocando un reparto de cartas inferior al promedio.

Normas de inicio

Después de que haya escogido el mejor juego y el mejor puesto disponible en la mesa (vea el recuadro "Obtener el mejor puesto de la casa"), ¿qué es lo más importante para ganar? Las decisiones iniciales vaticinan las opciones siguientes, de modo que es decisivo determinar con qué manos empezará (sus *normas de inicio*).

Es parte de la naturaleza humana querer sacar el mayor provecho posible del dinero, y los jugadores de póquer no son la excepción. Hay manos en las que el rendimiento sobre la inversión es positivo; hay otras que resultan costosas en el largo plazo. En el fragor de la batalla, no hay tiempo de evaluar cabalmente una mano. Las decisiones se deben tomar mucho antes de sentarse a la mesa y, por ello, las reglas son cruciales. Si incorpora a su juego sólidas normas de inicio, tendrá ventaja sobre cualquier rival que no lo haya hecho, independientemente de cuánto tiempo lleve él jugando o cuánta experiencia tenga en otras fases del juego.

Las normas de inicio también proporcionan un parámetro para el desvío, pero sólo en las circunstancias adecuadas. Es imposible reconocer —y aprovechar— esas circunstancias si no ha desarrollado normas ni las ha integrado sólidamente a su juego. Sólo cuando logre esto podrá detectar esas escasas excepciones en que es beneficioso apartarse de las normas.

Selección de la mano

La selección de la mano es una de las principales claves para ganar. Casi todos tendemos a jugar demasiadas manos, y no me refiero sólo a los principiantes; algunos jugadores con muchos años de experiencia siguen jugando demasiadas manos.

Al fin y al cabo, la mayoría de la gente juega por afición; no se gana la vida jugando sino que lo hace para divertirse. Por mucho que quieran convencer a todos de que su meta es ganar dinero, en realidad eso es secundario con respecto a su principal objetivo, que es pasarlo bien. La diferencia entre un jugador que quiere divertirse y otro que juega para ganar dinero es que el primero buscará razones para jugar manos marginales y para seguir jugándolas incluso si las rondas de apuestas subsiguientes encierran grandes peligros. El que juega por dinero buscará razones para no jugar manos, evitará los peligros innecesarios y renunciará a las manos especulativas cuando la recompensa potencial sea menor que los riesgos.

Ser agresivo, pero selectivo

Para ganar al póquer se requiere agresividad y selectividad. Todo buen jugador lo sabe y todo buen libro de póquer lo subraya. Si tiene alguna duda, piense en la siguiente situación. Imagine a alguien que iguala las apuestas en todas las manos, hasta el amargo final, a menos que compruebe que las cartas sobre la mesa lo han derrotado. Sus oponentes pronto descubren que nunca compensa blofear con esa persona. Desde luego, apostarán cada vez que tengan la más mínima ventaja, a sabiendas de que el otro igualará la apuesta aun con una mano mala; estas *apuestas de valor* pronto dejarán a nuestro héroe sin banca.

Si la selectividad es tan necesaria, ¿qué decir de la agresividad? Piense en un jugador pasivo. Casi nunca apuesta a menos que tenga una mano invencible, y ésas no se presentan con mucha frecuencia. Lo más habitual es que participe sólo en los pozos en los que cree que tiene la mejor mano. Incluso cuando uno está seguro de que una mano es la mejor en un momento dado, es consciente de que podría ser derrotado si faltan cartas por distribuir. Esto ocurre con más frecuencia de lo que cree, y es imposible ganar al póquer dándole al oponente una carta gratuita. Si el otro tiene que seguir apostando para ganarle, hágale pagar el precio.

Paciencia

La paciencia tiene que ver con el mantra "sea agresivo pero selectivo" en lo que respecta a la selectividad. Aunque pocos jugadores discuten la importancia de ser selectivos, la mayoría no lo son a la hora de decidir qué manos juegan. Al fin y al cabo, el póquer es divertido, y casi todos los aficionados van a jugar, no a retirarse.

Cuando las cartas no son favorables, es muy fácil arriesgarse a tentar la suerte con una mano marginal. Pero cuando se deja escapar una buena mano, por lo general se paga un precio.

A veces todo depende de una simple decisión: puede escoger que quiere divertirse mucho, hacer

Las buenas partidas necesitan jugadores mediocres

¿Preferiría ser el mejor jugador del mundo en una mesa con los otros ocho mejores jugadores del mundo, o preferiría ser un buen jugador en una mesa llena de jugadores mediocres? Contra una mesa de jugadores débiles ganaría más dinero; de hecho, ¡ganaría mucho más de lo que el campeón del mundo podría ganar en una competencia reñida!

La razón es la siguiente: casi todo el dinero que ganará provendrá no de la genialidad de su juego sino de la ineptitud de sus oponentes. No importa que sea el mejor jugador del mundo; no será mucho mejor que quienes lo siguen en rango. Y sus contrincantes, todos excelentes jugadores, no le darán muchas posibilidades. Por el contrario, los jugadores mediocres son otro asunto. Ofrecen posibilidades enormes: igualan apuestas con manos débiles; se quedan en el juego con la esperanza de recibir una carta milagrosa; creen que el póquer es como la lotería —pura cuestión de suerte— y basta esperar un poco para que se nivele la suerte, incluida la propia; y su juego deficiente les cuesta mucho dinero.

La triste realidad es que los jugadores mediocres no se dan cuenta de cuánto dinero van tirando. La brecha entre un buen jugador y uno mediocre es infinitamente mayor que la brecha entre el mejor jugador del mundo y un jugador excelente. El mítico jugador profesional de póquer —ése que usted quiere ser— puede llevarle cien metros de ventaja al mejor jugador del mundo, pero les saca un kilómetro a los jugadores mediocres.

apuestas insensatas y pagar el precio inevitable del placer, o puede decidir que desea buscar el éxito sistemático aplicando la paciencia requerida para conseguirlo.

Posición

En el póquer, la posición equivale a poder. Casi siempre es ventajoso actuar después de haber podido ver qué hacen los oponentes. Las acciones de ellos proporcionan pistas sobre el valor real o implícito de sus manos. Esto es válido en todo juego de póquer, y es especialmente importante en los juegos de posición fija, como el Texas Hold'em y el Omaha. En estos juegos la posición es fija para toda la mano, a diferencia del Stud, en el que puede variar de una ronda de apuestas a otra.

Afrontar las malas rachas

Desafortunadamente, ningún elíxir mágico elimina las fluctuaciones que todo el mundo experimenta en el póquer. Pero cuando uno ha sido golpeado por las vicisitudes del destino, resulta de poco consuelo darse cuenta de que no es el único ser infeliz que se bambolea en el mismo barco. Cuando todo parece perdido, conviene recordar que existen oportunidades en medio de la adversidad. De hecho, perder es útil para examinar y refinar el propio juego.

Afrontémoslo. La mayoría de los jugadores no pasan mucho tiempo examinando su actuación mientras

CONSEJO

Obtener el mejor puesto de la casa

Escoger el mejor puesto disponible depende de las características de sus oponentes. Tenga en cuenta su estilo de juego y nivel de experiencia.

Éstos son los tipos de jugadores que conviene tener a la izquierda:

✔ Jugadores tímidos, con probabilidades de retirar sus manos si usted apuesta o sube.

✔ Jugadores que igualarán cada vez que usted apueste, pero que casi nunca subirán.

✔ Rivales previsibles.

Éstos son los tipos de jugadores que conviene tener a la derecha:

✔ Jugadores muy agresivos, sobre todo los que suben con demasiada frecuencia.

✔ Oponentes hábiles y duros.

✔ Jugadores imprevisibles.

están ganando. Es demasiado divertido apilar las fichas y engolosinarse con el dinero que llega en abundancia. Pero cuando pierden, analizan cada decisión y se preguntan cómo la hubieran podido mejorar. "¿Qué hubiera podido hacer de otro modo?", se preguntan una y otra vez. La derrota los convierte en jugadores reflexivos, que buscan razones y estrategias que impidan la repetición de ese tipo de pérdidas.

Si experimenta una racha perdedora...

Aunque no existen garantías contra las pérdidas futuras, recomendamos la siguiente acción al jugador que está empantanado en una racha perdedora: meta el cambio y disminuya la velocidad. Todos introducimos cambios durante una partida de póquer, a veces como una estrategia consciente y a veces simplemente porque sí.

Cuando esté perdiendo, considere la posibilidad de meter la palanca de cambios. A fondo. Es un momento propicio para conducir con mucha tracción y poca velocidad; es un momento en el que conviene jugar únicamente las manos iniciales óptimas: no las manos iniciales marginales, ni las buenas, ni siquiera las muy buenas, sólo las mejores. Eso significa que estará descartando una mano tras otra, y se requiere disciplina para hacerlo, sobre todo cuando algunas de esas manos hubieran ganado.

Cuando están perdiendo, casi todos los jugadores buscan minimizar las fluctuaciones en su banca y ganar algunas veces. Reducir la velocidad surte ese efecto, porque no estará jugando las manos de "casi triunfo" que normalmente jugaría. Al jugar manos con mayor probabilidad de éxito, estará minimizando las fluctuaciones que se presentan con las manos especulativas. Desde luego, también estará reduciendo su tasa de ganancia promedio por hora, pero vale la pena hacerlo porque será menos probable que termine en una montaña rusa. Podrá ganar lo mismo, aunque tendrá que pasar más horas en la mesa de juego.

Reducir el objetivo de ataque

Reducir la velocidad también impide que sus oponentes lo pateen cuando esté hundido. Cuando va ganando, la imagen que usted proyecta a los demás jugadores es muy diferente de la imagen que proyecta cuando va perdiendo. Si está ganando, a veces puede blofear impunemente. Eso es mucho más difícil de hacer cuando está perdiendo. Al fin y al cabo, sus oponentes lo han visto perder una mano tras otra y creen que va a seguir perdiendo. Cuando usted apuesta, ellos igualan —o incluso suben— con manos que quizás habrían retirado si usted hubiera estado ganando de manera estable.

Capítulo 3

7 Card Stud

En este capítulo

▶ Aprender sobre las apuestas obligatorias, el reparto y la estructura de apuestas

▶ Saber cuándo quedarse y cuándo retirarse

▶ Reconocer una mano ganadora

▶ Entender la importancia de las cartas vivas

▶ Examinar a fondo el 7 Card Stud

▶ Determinar las manos iniciales

▶ Continuar después de la tercera calle

*E*l 7 Card Stud es el más popular de los juegos descubiertos, y lo ha sido desde que surgió en algún momento cercano a la Guerra Civil de Estados Unidos. También hay variantes de seis y cinco cartas pero no son tan populares como la versión de siete cartas. Con tres cartas cubiertas y cuatro descubiertas en poder de cada jugador al finalizar la mano, el 7 Card Stud combina algunas de las sorpresas del póquer de descarte con bastante disponibilidad de información recogida de las cuatro cartas abiertas.

El juego tiene cinco rondas de apuestas que pueden crear pozos muy grandes. Para ser hábil en este juego, los jugadores necesitan tener una mente alerta y muy buena retentiva. El jugador experto sabe relacionar cada una de las cartas de su mano, o las cartas visibles en la mano de un oponente, con las cartas visibles antes pero ya retiradas, con el fin de calcular las probabilidades que tiene de completar su mano, así como las probabilidades que tiene un rival de haber completado ya la suya.

En el 7 Card Stud casi cualquier mano es posible. Es muy diferente de un juego como el Texas Hold'em, en donde no es posible un *full* o un póquer a menos que haya parejas en la mesa, y un color es imposible a menos que haya tres cartas del mismo palo en la mesa.

Con posibilidades casi infinitas, el 7 Card Stud se parece un poco a un rompecabezas. Hay que combinar el conocimiento de las cartas expuestas y las descartadas con patrones anteriores de apuestas, con el fin de discernir la probabilidad de toda la variedad de manos que su oponente podría tener.

Como hay cinco rondas de apuestas, competir por un pozo puede ser bastante costoso, sobre todo si su mano es la segunda mejor.

Si nunca ha jugado 7 Card Stud

El 7 Card Stud exige paciencia. Como le reparten tres cartas desde el inicio —antes de la primera ronda de apuestas—, es importante que esas cartas puedan combinarse bien antes de entrar en un pozo. De hecho, la decisión más importante que tendrá que tomar en un juego de 7 Card Stud es si le conviene

CONSEJO

Algo personal

Ser un buen jugador de 7 Card Stud exige algo más que habilidades técnicas. También se requiere fortaleza de carácter, determinación y agallas.

✔ **Tenga paciencia:** En el póquer, el dinero fluye del jugador impaciente al paciente. Si no tiene paciencia nunca llegará a ser un buen jugador, por muchos conocimientos que adquiera. El Stud es un juego de espera, que requiere la paciencia de un santo.

✔ **Observe:** Si no presta atención a las cartas visibles, le será muy difícil ganar sistemáticamente. Si no está consciente de las cartas descartadas, es muy fácil perder dinero al apostar con manos que probablemente no ganará.

✔ **Actúe con decisión. Juegue sólo manos vivas:** Esta habilidad se relaciona estrechamente con la necesidad de observar. No desperdicie su dinero en manos que tienen menos probabilidades de lo que podría parecer.

✔ **Estudie:** Como descartará la mayoría de sus manos iniciales, tendrá bastante tiempo muerto que podrá aprovechar observando a sus contrincantes. Estudie qué tipo de manos acostumbran jugar. Observe sus gestos. Vea si puede deducir algo de las cartas que tienen.

✔ **Sea agresivo:** No tema subir o incluso volver a subir si cree que tiene la mejor mano. Tampoco tema pasar en falso. Puede ser una buena manera de atrapar a sus oponentes cuando tiene una mano poderosa.

✔ **Actúe con sensatez:** No piense que debe jugar todas las manos que le repartan, pues ésa es la manera más segura de perder el dinero que con tanto esfuerzo ha ganado. Recuerde las bondades de retirarse. No tema renunciar a jugar su mano y esperar a que se le presente una mejor oportunidad.

entrar en el pozo en la *tercera calle*, que corresponde a la primera ronda de apuestas.

La siguiente decisión crítica es si debe seguir jugando en la tercera ronda de apuestas, denominada *quinta calle*. En los juegos con apuestas de límite fijo, como 6 USD-12 USD, las apuestas se doblan en la quinta calle. En el 7 Card Stud rige un viejo lema: si iguala en la quinta calle, continuará hasta la carta *river* (la última carta).

Una mano de muestra

En la figura 3-1 se aprecia una mano típica de 7 Card Stud después de que se han repartido todas las cartas.

Al terminar la mano, cuando todas las cartas ya se han repartido, los resultados son los siguientes:

El **jugador 1** tiene ahora un *full* de ases con cuatros. Es probable que suba.

El **jugador 2** tiene un color de diamantes con un as como carta alta.

El **jugador 3,** que empezó con un prometedor proyecto de escalera, tiene dos parejas, de nueves y de ochos.

El **jugador 4** tiene un *full* de reinas con jotos, pero perderá frente al *full* del jugador 1, que tiene más valor.

El **jugador 5** tiene un trío de cincos, la misma mano con la que empezó.

El **jugador 6** tiene una escalera con el rey como carta más alta.

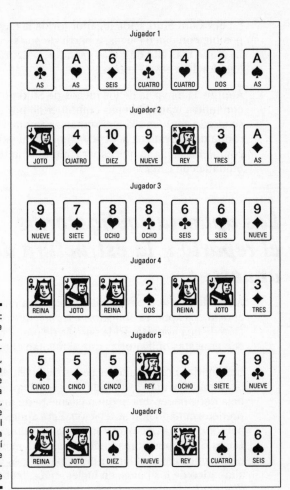

Figura 3-1:
Una mano de 7 Card Stud. Las tres primeras cartas, de izquierda a derecha, se consideran la tercera calle, la siguiente carta individual es la cuarta calle, y así sucesivamente hasta la séptima calle

En el 7 Card Stud, cada jugador forma la mejor mano posible con cinco cartas, a partir de sus siete cartas. La mano más alta de todas gana (en la figura 3-1, el jugador 1 se lleva el pozo).

Aunque la mayoría de los juegos de Stud no terminan con tantas manos buenas compitiendo por un pozo, se puede ver cómo la mejor mano cambia de una ronda de apuestas a la otra y cómo un jugador puede completar la mano que espera, aunque no tenga posibilidades de ganar.

Las apuestas obligatorias, el reparto y la estructura de apuestas

Antes de que se repartan las cartas, cada jugador aporta una apuesta obligatoria, o *ante*, que es una fracción de una apuesta. Toda partida de póquer empieza con apuestas obligatorias que alimentan el pozo.

Enseguida, a los jugadores se les reparten dos cartas tapadas y una destapada. La carta expuesta más baja debe hacer una pequeña apuesta de un importe predeterminado con antelación. Esta apuesta (y la persona que la hace) se denomina *apertura* (*bring-in*). Si dos o más jugadores tienen una carta expuesta del mismo rango, el factor determinante es el orden alfabético de los palos, en inglés: *clubs*, tréboles; *diamonds*, diamantes; *hearts*, corazones; *spades*, espadas.

Apostar

El jugador ubicado a la izquierda del jugador que hace la apertura tiene tres opciones: retirar la mano, igualar la apuesta de apertura o subir a una apuesta completa. En un juego de 20 USD-40 USD, las apuestas obligatorias por lo general son de 3 USD y las aperturas de 5 USD. El jugador a la izquierda del que hizo la apertura puede retirarse, igualar la apuesta de apertura de 5 USD o elevar a 20 USD, que constituye una apuesta completa.

Si ese jugador se retira o iguala la apertura, el jugador a su izquierda tiene las mismas opciones. Tan pronto alguien sube a una apuesta completa, los siguientes jugadores tendrán que retirarse, igualar la apuesta completa o volver a subir.

Cuando se termina la ronda de apuestas, se reparte una segunda carta descubierta y empieza otra ronda. Esta vez, sin embargo, se incrementa mediante apuestas completas. Actúa primero el jugador que tenga las *cartas en la mesa* (cartas descubiertas) de mayor valor.

El jugador que actúa primero puede *pasar* (pasar en realidad significa no apostar nada) o apostar. Si un jugador tiene ante sí una pareja visible (denominada *pareja abierta*), ya sea que esté en su mano o en la de un oponente, en la mayoría de los casos tiene la opción de hacer una apuesta grande. Por ejemplo, en un juego de 20 USD-40 USD, las apuestas siguen en incrementos de 20 USD en la cuarta calle, salvo cuando hay una pareja abierta. (Si las primeras cartas que se repartieron descubiertas a Bárbara en una partida de

Stud 20 USD-40 USD fueron una pareja de jotos, por ejemplo, entonces ella o cualquier otro participante en esa mano puede apostar 40 USD en vez de 20 USD.) Esta regla permite que un jugador con una pareja abierta proteja su mano haciendo una apuesta más grande.

Subir

En casi todos los casinos permiten subir las apuestas tres o cuatro veces por ronda de apuestas, excepto cuando sólo dos jugadores compiten por el pozo. En ese caso, no se impone ningún límite a la cantidad de veces que se puede subir.

En Stud, el orden en el que actúan los jugadores (denominado *posición*) está determinado por las cartas que se muestran en la mesa y puede variar de ronda en ronda. A excepción de la primera ronda de apuestas en la tercera calle, en donde la carta de valor más bajo tiene que hacer la apuesta de apertura, quien tenga la mano más alta en la mesa actúa primero y tiene la opción de pasar o apostar.

La mano más alta puede fluctuar entre el póquer (cuatro cartas de un mismo valor) y el trío (tres de un mismo valor), la doble pareja o la pareja, o incluso la carta más alta si no hay ninguna pareja expuesta.

Doblar apuestas

Las apuestas por lo general se doblan en la quinta calle, salvo en el caso de que en la cuarta calle haya un jugador que tenga una pareja. De ser así, cualquiera de los participantes en la mano tiene la opción de hacer una apuesta doble y a los jugadores que siguen compitiendo por el pozo se les reparte otra carta descubierta. La *sexta calle* es igual. La última carta, denominada *séptima calle* o *river*, se reparte tapada. Con el *river*, los jugadores activos tienen una mano compuesta de tres cartas ocultas y cuatro expuestas. El jugador que actuó primero en la sexta calle también actúa primero en la séptima calle.

Confrontación

Si más de un jugador está activo cuando se han terminado las rondas de apuestas, los jugadores descubren sus manos, conformando la mejor mano posible de cinco cartas a partir de las siete que tienen. La mejor mano gana en la confrontación, o *showdown* (vea la figura 3-1).

Juegos con límite extendido

En muchas partidas de 7 Card Stud se utilizan límites extendidos en vez de límites fijos. En muchos casinos ofrecen partidas de 1 USD-3 USD o 1 USD-4 USD. Estas partidas por lo general se juegan sin apuesta obligatoria. La carta baja se requiere para la apuesta de apertura de 1 USD, y todas las apuestas y los aumentos pueden ser en incrementos de 1 USD-4 USD, con la salvedad de que todos los aumentos sean por lo menos de la misma cantidad de la apuesta anterior. Si un jugador apuesta 4 USD, usted puede retirarse, igualar la apuesta de 4 USD o elevar a 8 USD.

Saber cuándo continuar y cuándo retirarse

El 7 Card Stud exige mucha paciencia y una actitud alerta. La mayor parte del tiempo conviene descartar la mano en la tercera calle, ya sea porque las cartas no ofrecen muchas posibilidades de ganar o porque parecen prometedoras pero en realidad no lo son pues las cartas que se necesitan están muertas (para mayores detalles sobre cartas muertas, vea la sección titulada "La importancia de las cartas vivas" en este capítulo).

¿Qué tipos de manos tienen probabilidades de ganar?

Para ganar en el 7 Card Stud por lo general se requiere una mano bastante alta (usualmente doble pareja, con jotos o reinas como la pareja alta). De hecho, si todos los jugadores en un juego con siete participantes continuaran hasta la confrontación, la mano ganadora sería de doble pareja, o mejor, en más del 97 por ciento de las ocasiones. Sin embargo, incluso una doble pareja no garantiza el triunfo, pues en el 69 por ciento de los casos la mano ganadora sería de trío, o mejor, y en el 54 por ciento de las ocasiones sería de por lo menos una escalera.

Una escalera es la mano ganadora media: la mitad de las veces la mano ganadora es una escalera o una mano más alta, y la otra mitad una mano más baja se llevará el pozo.

Si planea igualar en la tercera calle, necesitará una mano que tenga la posibilidad de mejorar para convertirse en una mano bastante alta.

Como las escaleras y los colores por lo general sólo se forman en la sexta o séptima calle, conviene subir si tiene una pareja alta (de 10 o más). De hecho, si alguien más ha subido la apuesta antes de que le llegue a usted el turno de actuar, no dude en volverla a subir, siempre y cuando su pareja sea más alta que la carta expuesta del otro. El hecho de subir su apuesta tiene como objetivo hacer que se retiren las manos con proyectos para que su pareja alta se lleve el pozo, sobre todo si mejora a trío o doble pareja.

Las parejas altas funcionan mejor contra pocos oponentes, mientras que las escaleras y los colores son manos que conviene jugar contra cuatro contrincantes (o más). Es importante darse cuenta de que las escaleras y los colores empiezan como proyectos de escaleras y colores. Los *proyectos* son manos sin un valor inmediato y pocas veces se convierten en escaleras o colores completos. Pero estos proyectos tienen el potencial de convertirse en manos muy altas, y quienes los tienen quieren que haya muchos oponentes que les paguen cuando tengan la fortuna de completarlas.

La importancia de las cartas vivas

El Stud es un juego de cartas vivas. Si las cartas que usted necesita para mejorar su mano están visibles en las manos de sus oponentes o han sido descartadas por otros jugadores que se han retirado, significa que las cartas que necesita están *muertas*. Pero si esas cartas no están visibles, su mano está *viva*.

Muchos jugadores principiantes se sienten eufóricos al ver una mano inicial con tres cartas del mismo palo. Pero antes de igualar alegremente una apuesta en la tercera calle, mire bien cuántas cartas de su palo están expuestas. Si no ve ninguna, tiene motivos para sentirse feliz.

Pero si ve tres o más de su palo en las manos de sus rivales, quizás el único curso de acción lógico sea retirarse de esa mano y aguardar con paciencia una mejor oportunidad.

Incluso si la siguiente carta que le reparten es la cuarta de su palo y no hay ninguna otra carta de ese palo expuesta, las probabilidades siguen siendo 1.12 a 1 en contra de completar su color. Desde luego, si completa su color el pozo le dará más de 1.12 a 1, de modo que vale la pena continuar el proyecto. Pero recuerde: incluso cuando empiece con cuatro cartas del mismo palo, sólo tendrá un color el 47 por ciento de las veces (el recuadro "Considere las probabilidades" ofrece más estadísticas).

Si no completa el color en la quinta calle, las probabilidades de no lograrlo aumentan hasta 1.9 a 1, lo cual significa que tendrá suerte sólo el 35 por ciento de las veces. Y si no forma el color en la sexta calle, las probabilidades en contra de que lo complete aumentan a 4.1 a 1. Faltando ya sólo una carta, tendrá probabilidades de que le sonría la suerte sólo un 20 por ciento de las veces.

CONSEJO

Considere las probabilidades

A continuación presentamos algunas estadísticas de probabilidades en el 7 Card Stud:

✔ **424 a 1:** Las probabilidades en contra de que le repartan un trío (a un promedio de treinta manos por hora, empezaría con un trío cada catorce horas, aproximadamente. ¡Por eso duele tanto cuando le reparten una mano así, y pierde!).

✔ **5 a 1:** Las probabilidades en contra de que le repartan cualquier pareja en las primeras tres cartas.

✔ **18 a 1:** Las probabilidades en contra de que le repartan tres cartas del mismo palo.

✔ **3.5 a 1:** Las probabilidades en contra de completar un *full* si sus primeras cuatro cartas incluyen doble pareja.

✔ **6 a 1:** Las probabilidades en contra de completar una escalera si sus primeras tres cartas son secuenciales.

✔ **5 a 1:** Las probabilidades en contra de completar un color si sus primeras tres cartas son del mismo palo.

✔ **1.2 a 1:** Las probabilidades a favor de mejorar por lo menos a doble pareja si empieza con un proyecto de escalera de color como 10♦ J♦ Q♦.

✔ **1.4 a 1:** Las probabilidades en contra de completar doble pareja si empieza con una pareja en las primeras tres cartas. Las probabilidades son 4.1 a 1 en contra de completar un trío o una mano más alta.

✔ **1.1 a 1:** Las probabilidades en contra de completar un color si empieza con tres cartas del mismo palo y le reparten una cuarta de ese palo en la siguiente ronda. Pero si no le sale una cuarta carta de ese palo en la cuarta calle, ¡las probabilidades en contra de completar ese color aumentan a 2 a 1!

✔ **4 a 1:** Las probabilidades en contra de completar un *full* si tiene un trío y otras tres cartas en la sexta calle.

Esto también es válido en los proyectos de escalera. Si sus primeras cuatro cartas son 9-10-J-Q, hay cuatro reyes y cuatro ochos que le completarían la escalera. Pero si ya hay expuestos tres reyes y un ocho, las probabilidades de no lograrlo son considerablemente más altas y la suerte está en su contra, por lo cual incluso las manos más atractivas deben ser descartadas.

Las primeras tres cartas son cruciales

En el 7 Card Stud son importantes las *normas de inicio,* al igual que en cualquier otra modalidad de póquer. Las primeras tres cartas que le repartieron deben acoplarse entre sí o contener una pareja alta para que valga la pena que continúe jugando.

Posición

La *posición* (su ubicación en la mesa y la manera en que esto afecta el orden de las apuestas) es importante en todas las modalidades de póquer, y ser de los últimos que apuestan constituye una gran ventaja. Sin embargo, a diferencia de juegos como el Texas Hold'em y el Omaha, en donde la posición es fija en todas las rondas de apuestas mientras se juega la mano, en el Stud puede variar. La carta expuesta más baja siempre actúa primero en la ronda inicial de apuestas, pero de ahí en adelante actúa primero la mano descubierta más alta.

Como no hay ninguna garantía de que la mano descubierta más alta en la cuarta calle sea la más alta en la próxima ronda, el orden puede variar de una ronda de apuestas a la siguiente.

Rondas de apuestas subsiguientes

Si decide continuar después de la tercera calle, su siguiente decisión clave se presentará en la quinta calle, cuando los límites de apuestas por lo general se doblan. Casi todos los expertos en 7 Card Stud le dirán que si iguala en la quinta calle, es probable que se vea obligado a seguir en el juego hasta que concluya la mano. Si sigue activo en la quinta calle, el pozo suele ser lo bastante grande como para que valga la pena continuar hasta el a veces amargo final. De hecho, incluso si sólo puede ganarle a un blof en el *river* le convendrá igualar, por lo general, si su oponente apuesta.

Si aprende a tomar buenas decisiones en la tercera y la quinta calle, lo más probable es que gane con regularidad en la mayoría de las partidas de límite bajo.

El 7 Card Stud en profundidad

El 7 Card Stud es un juego de contrastes. Si empieza con una pareja alta, o una pareja media y dos cartas secundarias altas, le convendrá jugar contra unos pocos oponentes únicamente, lo que podrá lograr apostando, subiendo o volviendo a subir para sacar del juego las manos en proyecto.

Si empieza con un proyecto de color o de escalera, le convendrá tener muchos oponentes y completar su

mano de la manera más barata posible. Si tiene la fortuna de que le salgan una o dos cartas atemorizantes, su
rival tendrá que admitir la posibilidad de que usted ya
haya completado su mano o de que la complete a la primera oportunidad. Si ése es el caso, tal vez su rival no
quiera apostar una pareja alta contra lo que parece ser
una mano muy buena, como una escalera o un color.

Ésa es la naturaleza del 7 Card Stud. Las parejas
apuestan en las primeras rondas, intentando subir
el costo para quienes juegan manos con un proyecto
especulativo, y los que juegan proyectos apuestan y
suben más tarde, si han tenido la suerte de completar
sus manos.

Manos iniciales

La mayoría de las veces usted retirará su mano en la
tercera calle. Por muchos deseos que tenga de participar y ganarse un par de pozos, el 7 Card Stud es un
juego de paciencia.

Si le gusta pescar desde tierra, soñar despierto, me-
ditar o practicar cualquier otro pasatiempo contem-
plativo, el 7 Card Stud es ideal para usted. Pero si no
tiene paciencia —o no puede aprender a tenerla, esta
modalidad de juego lo frustrará muchísimo.

Casi todos los jugadores pierden dinero porque creen
que vale la pena jugar una o dos rondas más para ver
qué sucede. Esto por lo general no sólo se traduce en
que se van quedando sin dinero, sino que el simple
hecho de haber entrado en un pozo con una mano
inicial menos que viable a menudo les tiende una
trampa y los hace perder más dinero aún.

Antes de comprometerse a jugar una mano, tiene que ser consciente de la fuerza de sus cartas en relación con las cartas de sus oponentes, las cartas expuestas sobre la mesa y el número de jugadores a quienes corresponde actuar después de usted. De hecho, cuantos más jugadores puedan actuar después de usted, más precavido debe ser.

Empezar con un trío

La mejor mano inicial es un *trío* (también conocido en la terminología inglesa como *trips*). Pero no llega con frecuencia; puede esperar que le repartan un trío sólo una de cada 425 veces. Si juega sesiones bastante prolongadas, las estadísticas indican que le repartirán un trío cada dos días, aproximadamente. Aunque es posible que le repartan un trío más bajo que el de un oponente, las probabilidades de que eso ocurra son muy escasas, y si le reparten un trío, lo razonable es suponer que lleva la ventaja.

Podría ganar incluso si su juego no mejora. Aunque lo más probable es que no complete un color o una escalera si empieza con un trío, las probabilidades en contra de que mejore el juego son de sólo 1.5 a 1. Cuando sí mejora, es probable que se trate de un *full* o un póquer, y en ese caso tendrá grandes posibilidades de llevarse el pozo.

Si le reparten un trío, sin duda llegará hasta el *river*, a menos que sea obvio que un rival lo ha superado. Sin embargo, eso no es frecuente.

Como le repartirán un trío sólo muy de vez en cuando, resulta frustrante subir la apuesta, sacar del juego a todos sus oponentes y ganar únicamente las apuestas obligatorias. Dado que si le reparten un trío lleva indudablemente la delantera, puede darse el lujo de igualar la apuesta y darles a sus contrincantes un rayo de esperanza en la siguiente ronda.

El problema, desde luego, es que a uno de sus oponentes le llegue la carta que necesita para seguir en el juego y logre ganarle a usted con una escalera o un color, si usted no ha tenido la suerte de mejorar. Si le sale un trío, lo mejor sería que uno de sus rivales subiera la apuesta antes de que le llegue a usted el turno de actuar. Así usted podría volver a subir, lo que por lo general sacaría del juego la mayoría de las manos en proyecto.

Casi siempre que el pozo se sube en la tercera calle, el jugador que sube tiene o bien una pareja alta, o una pareja más modesta con un rey o un as como carta secundaria. Pero su trío le lleva bastante delantera a esa mano. Al fin y al cabo, su oponente está elevando la apuesta para eliminar las manos en proyecto y abriga la esperanza de completar una doble pareja con el fin de llevarse el pozo. No sabe que usted ya le lleva ventaja, sin mencionar que usted también tiene buenas posibilidades de mejorar.

Su contrincante probablemente igualará su nueva subida y seguirá igualando hasta el *river*, sobre todo si completa la doble pareja. Por lo general sucede lo siguiente: al llevarse el pozo, usted gana en la tercera calle tres apuestas pequeñas, otra en la cuarta calle, y apuestas dobladas en la quinta, sexta y séptima calles. Si está jugando 10 usd-20 usd, su ganancia será de 100 usd, además de la apuesta de apertura y la apuesta obligatoria. Si hizo caer en la trampa a uno o dos jugadores más que también igualaron pero retiraron su mano en la quinta calle, su ganancia superará los 150 USD.

Parejas altas

Una *pareja alta* (10 o más) por lo general se puede jugar, y casi siempre merece la pena subir la apuesta. La meta al subir apuestas es limitar el campo de acción y hacer que resulte demasiado costoso que las manos en proyecto sigan jugando. Una sola pareja alta augura mejores posibilidades en comparación con un rival que tenga un proyecto de escalera o color. Sin embargo, contra dos o más proyectos, sus probabilidades serán menores.

Siempre es mejor tener una *pareja oculta* (las dos cartas no expuestas) que tener oculta una de las cartas de su pareja y la otra carta descubierta. Esto obedece a varias razones. Por un lado, engaña al oponente. Si él no puede ver su pareja —o incluso parte de ella—, le será difícil evaluar qué tan fuerte es su mano.

Si en la cuarta calle sale una pareja para su carta expuesta y usted actúa agresivamente, su contrincante podría deducir que quizás usted tiene un trío. Eso podría frenar la agresividad de su oponente y limitar la cantidad que usted puede ganar. Pero si su pareja está oculta y la cuarta calle le da un trío, nadie podrá adivinar la fuerza de su mano antes de que usted haya tendido una trampa para que suban la apuesta una o dos veces.

Las parejas altas juegan mejor contra uno o dos contrincantes y a veces pueden ganar sin mejorar la mano. Pero es mucho mejor completar al menos doble pareja. Si está jugando contra uno o dos oponentes, es probable que se imponga su doble pareja.

Dicho esto, conviene hacer una advertencia. Es muy importante no apostar su pareja contra una pareja más alta, a menos que tenga cartas vivas más altas que la pareja que supuestamente tiene su rival. Por ejemplo, si le repartieron J♦A♥/J♠, y la carta entrante de su oponente es Q♠, su mano más probable si sigue jugando es una pareja de reinas (la barra diagonal indica que las dos cartas a la izquierda se repartieron tapadas. La carta a la derecha de la barra se repartió descubierta).

Mientras su as siga vivo, podrá jugar contra el oponente. Por un lado, es posible que él no tenga una pareja de reinas. Podría tener una pareja oculta de nueves, en cuyo caso usted ya le lleva ventaja. Incluso si tiene reinas, usted podría recibir un as, u otro joto o incluso un rey. El as le daría doble pareja, lo que probablemente le significaría una mano más alta que la de su rival, mientras que un trío de jotos le representaría una clara ventaja.

Incluso un rey vivo en la cuarta calle le podría servir porque ofrece otra manera de completar una doble pareja más alta que la de su rival. En ese caso su ventaja no sería tan grande, pero aun así le quedarían varias posibilidades de ganar.

Parejas bajas o medias

El hecho de tener una pareja de doses o una pareja más alta no es tan importante como el hecho de que

sus cartas secundarias tengan mayor valor que el de
la pareja de su contrincante. Si tiene cartas secundarias vivas de alto valor con una pareja baja, sus
posibilidades de ganar en realidad dependen de que
empareje una de esas cartas secundarias; y los ases
les ganan a las reinas, sin que importe el valor de su
segunda pareja.

Las parejas bajas o medias por lo general se encuentran nadando contra la corriente y necesitan emparejar alguna de esas cartas secundarias altas con el fin
de ganar. Mientras una pareja única de ases o reyes
puede ganar una mano de Stud, sobre todo cuando
se trata de un mano a mano, ganar con una pareja de
doses —o, para el caso, cualquier otra pareja baja—
es casi milagroso; no sucede con mucha frecuencia.

Jugar un proyecto de mano

Si le repartieron tres cartas del mismo palo o tres
cartas con valores secuenciales, lo primero que debe
hacer es observar si están disponibles las cartas que
necesita (revise con atención las cartas expuestas
de su contrincante para verificar si ya se repartieron
las cartas que necesita). Si las cartas que necesita no
están visibles, por lo general puede tomar otra carta
de la baraja.

Si observa que sus oponentes tienen más de dos
cartas del mismo palo suyo o tres cartas que pueden
completar una escalera, no le conviene seguir jugando.
Sin embargo, si sus cartas están vivas y puede ver otra
carta sin que le cueste mucho, hágalo. Podría tener
suerte y obtener una cuarta carta de su palo, o podría

emparejar una de sus cartas altas y así tener un par de alternativas distintas que le darían el triunfo. Su color podría recuperarse si la quinta carta es del mismo palo, o podría mejorar a trío o a doble pareja.

Las manos en proyecto pueden ser seductoras porque ofrecen la promesa de convertirse en manos bastante altas. Sin embargo, los jugadores hábiles no se dejan seducir con facilidad y tienen la disciplina requerida para saber cuándo descartar una mano en proyecto y aguardar una mejor oportunidad para invertir su dinero.

Más allá de la tercera calle

La cuarta calle es bastante rutinaria. Usted espera que su mano mejore y que sus oponentes no reciban las cartas que usted necesita, o una carta que parezca mejorar sus manos.

Cuando un contrincante empareja su carta expuesta de tercera calle, es posible que haya completado un trío. Si eso sucede y la mano que usted tiene no ha mejorado de modo apreciable, conviene tomarlo como una señal de que debe retirarse.

La quinta calle es el momento de tomar otra decisión importante. Aquí por lo general se doblan los límites de las apuestas. Si paga por una carta en la quinta calle, casi siempre jugará su mano hasta el *river,* a menos que sea obvio, por las cartas en la mesa, que ya lo han derrotado. No es raro que varios jugadores igualen en la tercera calle y vuelvan a igualar en la cuarta. Pero cuando llega la quinta calle, suelen quedar en la mano sólo dos o tres jugadores.

A menudo se da la clásica confrontación de una pareja alta —o doble pareja— contra un proyecto de escalera o color. Independientemente de qué tipo de confrontación parezca estar fraguándose, a menos que tenga una mano alta o un proyecto alto, lo más probable es que en la quinta calle usted retire muchas de las manos que en cierto momento consideró prometedoras.

De hecho, si retira demasiadas manos en la sexta calle, puede tener la seguridad de que está cometiendo un error tanto en la quinta como en la sexta calle.

Si tiene la fortuna de completar lo que piensa que es la mejor mano en la sexta calle, proceda a apostar, o suba la apuesta si otro jugador ya ha apostado. Recuerde, casi todos los jugadores seguirán hasta el *river* si ya igualaron en la quinta calle. Cuando se tiene una mano alta, estas últimas rondas de apuestas son el momento indicado para apostar o subir. Al fin y al cabo, las buenas manos no llegan con mucha frecuencia; cuando tenga una, querrá sacarle el máximo partido posible en términos de dinero.

Cuando ya se han repartido todas las cartas

Si ha jugado su mano hasta el *river*, debe considerar la posibilidad de igualar cualquier apuesta, siempre y cuando tenga una mano que pueda ganarle a un blof (suponiendo que usted está en un *mano a mano,* o jugando contra un único oponente). En el 7 Card Stud los pozos pueden llegar a ser bastante grandes. Si su adversario tenía un proyecto que le falló, la única

Cómo dominar una estrategia ganadora

Domine los siguientes elementos estratégicos para ganar:

✔ **Si tiene una carta alta expuesta** y nadie ha entrado en el pozo en la tercera calle cuando le llegue a usted el turno de actuar, debe subir y tratar de robarse las apuestas obligatorias.

✔ **Este juego requiere una enorme dosis de paciencia,** sobre todo en la tercera calle. Si no tiene una pareja alta, cartas altas o un proyecto con cartas vivas, ahorre su dinero.

✔ **Las manos en proyecto ofrecen grandes promesas.** Pero para jugarlas, sus cartas tienen que estar vivas. Los proyectos también son más factibles de jugar si sus cartas iniciales son de rango más alto que cualquiera de las cartas visibles de sus oponentes. Esto le puede permitir ganar, incluso si su proyecto fracasa pero tiene la fortuna de emparejar sus cartas altas.

✔ **Una vez se hayan repartido todas las cartas** y usted tenga un solo rival que apuesta, debe igualar si tiene cualquier mano lo bastante fuerte como para ganarle a un blof.

✔ **El 7 Card Stud exige mucho poder de observación.** No sólo debe observar si están vivas las cartas que necesita, sino que también debe mantenerse alerta con respecto a las cartas que tienen más probabilidades de mejorar la mano de su contrincante.

✔ **La quinta calle, en donde se doblan los límites de las apuestas,** es un momento de decisiones importantes. Si usted compra una carta en la quinta calle, es probable que se haya comprometido a jugar la mano hasta el final.

manera que tiene de llevarse el pozo es blofear y esperar que usted retire su mano. Su rival no necesita tener éxito en esto con demasiada frecuencia para que la estrategia sea correcta. Al fin y al cabo, sólo está arriesgando una apuesta para tratar de llevarse un pozo repleto de ellas.

La mayor parte del tiempo usted estará igualando, a pesar de que sabe que va a perder (lo que se llama *crying call*) y que su contrincante le mostrará una mano mejor. Pero de vez en cuando el blof funcionará y usted se llevará el pozo. Y no es necesario triunfar con mucha frecuencia con un blof para que sea una buena opción.

El 7 Card Stud es un juego complejo, que incluye varios elementos estratégicos. Vea el recuadro "Cómo dominar una estrategia ganadora".

Capítulo 4

Texas Hold'em

• •

En este capítulo

▶ Entender los fundamentos

▶ Profundizar un poco más

▶ Determinar las manos iniciales

▶ Comprender los pormenores al subir una apuesta

▶ Jugar el *flop*

▶ Jugar el *turn*

▶ Jugar el *river*

▶ Saber qué hacer si consigue completar su proyecto

▶ Hacer jugadas inteligentes cuando el pozo crece

• •

*E*l Texas Hold'em es el juego más popular en los casinos y salas de póquer. Aunque se requiere mucha habilidad para jugarlo con pericia, se aprende con facilidad y engaña por su sencillez. Es sutil y complejo, y por lo general se juega con nueve o diez jugadores por mesa. Es más rápido y de más acción que el Stud y las demás modalidades de póquer. También es el juego de póquer que más se ha expandido en el mundo, y es el que se utiliza para definir al campeón en las Series Mundiales.

Reglas básicas

En Texas Hold'em se reparten dos cartas tapadas a cada jugador, y empieza una ronda de apuestas. En la primera ronda, los jugadores pueden igualar o subir la apuesta ciega, o retirarse. En casi todos los casinos permiten una apuesta y tres o cuatro subidas por ronda de apuestas, salvo por una excepción: cuando sólo dos jugadores compiten por el pozo, no hay límites en cuanto al número permitido de subidas.

Cuando se completa la primera ronda de apuestas, se destapan tres cartas comunes, denominadas el *flop*, en el centro de la mesa. Enseguida viene una segunda ronda de apuestas. En ésta y en cada una de las rondas de apuestas, los jugadores pueden pasar si nadie ha apostado cuando les llega el turno de actuar. Si no hay ninguna apuesta, un jugador puede pasar o apostar. Si hay apuesta, los jugadores pueden retirarse, igualarla, subirla o volverla a subir.

A continuación se descubre una cuarta carta común, denominada *turn*. Se realiza otra ronda de apuestas. Luego se descubre en el centro de la mesa la quinta y última carta común —conocida como *river*—, seguida por la última ronda de apuestas. La mejor mano de póquer de cinco cartas que utilice cualquier combinación de las dos cartas privadas y las cinco cartas comunes es la ganadora.

Eso es todo el juego. Sin embargo, en esta simplicidad hay una elegancia y una sofisticación que convierten el Texas Hold'em en la variedad más popular de póquer en el mundo entero.

Apuestas ciegas

Antes de que se repartan las cartas, los primeros dos jugadores a la izquierda del crupier deben hacer apuestas ciegas, que se utilizan en vez de las apuestas obligatorias (*ante*) para estimular la acción (esos dos jugadores hacen sus apuestas antes de ver cualquier carta y por eso se les llama "ciegas").

En un juego Texas Hold'em 10 USD-20 USD, las ciegas suelen ser de 5 USD y 10 USD. Cada ciega se considera *viva*. Como las ciegas representan una primera apuesta obligada, los apostadores ciegos pueden subir (pero sólo en la primera ronda) una vez las apuestas han circulado por la mesa y les llega nuevamente el turno de actuar.

A diferencia del Stud, en donde la posición se determina según las cartas expuestas de cada jugador, denominadas *board*, el jugador con el *botón* (*dealer button*) — vea la sección "Posición, posición y posición", más adelante en este capítulo) actúa de último en todas las rondas de apuestas, a excepción de la primera.

El Texas Hold'em en general

Aunque el Texas Hold'em es emocionante y divertido, es preciso saber "algo" del juego antes de lanzarse a apostar dinero, incluso si está jugando en la partida de límite más bajo en la sala. Esta sección ofrece algunos de esos "algos" que ojalá nosotros hubiéramos sabido cuando hicimos la transición del 7 Card Stud al Texas Hold'em.

El Texas Hold'em sólo se parece al Stud. Se juega de manera diferente

Con un total de siete cartas, algunas de las cuales están expuestas y las demás ocultas, el Texas Hold'em se parece al 7 Card Stud. Pero este furtivo parecido es muy superficial.

Una diferencia importante es que el 71 por ciento de su mano se define en el *flop*. Como resultado, en el Texas Hold'em los mejores valores se encuentran sobre la mesa: usted ve el 71 por ciento de su mano para una única ronda de apuestas.

Para quedarse hasta el *turn* y el *river* es preciso tener una mano fuerte o un proyecto que augure una mano potencialmente ganadora, o una buena razón para creer que sus apuestas en una ronda futura podrían forzar a sus oponentes a retirarse. Como sólo se reparten dos cartas adicionales después del *flop*, además del hecho de que todos los jugadores tienen acceso a las cinco cartas comunes, hay menos *draw-outs* en el Hold'em que en el Stud (un *draw-out* ocurre cuando uno obtiene cartas que le mejoran la mano con relación a la del contrincante).

Además, como en el Texas Hold'em se utilizan cartas comunes expuestas en el centro de la mesa, que se combinan con dos cartas ocultas en la mano de cada jugador para formar la mejor mano de póquer, es más difícil para un rival mejorar su mano frente a un contrincante que en una partida de Stud. Por ejemplo, si a usted le repartieron una pareja de jotos y su oponente tenía una pareja de nueves, la presencia de una pareja de cincos en las cartas comunes les da a ambos dobles parejas. Pero usted sigue teniendo la mejor mano. A menos que uno de esos cincos le ayude a un contrincante a completar una escalera, al único jugador que le ayudaría ese par de cincos sería a un adversario que tuviera la suerte de tener en la mano otro cinco.

Las primeras dos cartas son cruciales

A menudo escuchará decir que dos cartas cualesquiera pueden ganar. Aunque eso es potencialmente cierto, no es suficiente. La cruda verdad es ésta: aunque sí pueden ganar, no ganarán tanto como para que valga la pena jugarlas. Igual que ocurre en todas las demás modalidades del póquer, es necesario tener *normas de inicio*; a los jugadores que no las tienen no les suele ir muy bien (en el capítulo 2 encontrará información detallada sobre las normas de inicio).

Posición, posición y posición

Hay un dicho en el negocio de las fincas según el cual las tres características más importantes de una propiedad son la ubicación, la ubicación y la ubicación. En el Texas Hold'em, las características más importantes del juego son posición, posición y posición. El lugar que se ocupa en la mesa (la *posición*) es tan importante que a veces las dos cartas que se tienen y que no se pueden jugar con provecho en la *posición inicial,* o *temprana*, son cartas que posiblemente se puedan subir si a uno le corresponde actuar de último.

En un juego típico de nueve jugadores, la posición inicial incluye las dos ciegas y los dos jugadores a la izquierda de éstas. Los jugadores con los turnos quinto, sexto y séptimo están en la *posición intermedia*, y los jugadores con los turnos octavo y noveno están en la *posición final,* o *tardía*.

Como en las partidas de casino hay crupiers (o *dealers*), se utiliza un pequeño disco, denominado *botón*, para indicar qué jugador está en la posición del botón. Ese jugador siempre actúa de último. El botón rota por la mesa con cada mano que se reparte, en el sentido de las agujas del reloj.

El flop debe complementar su mano

Por muy atractivas que le parezcan sus primeras dos cartas, un *flop* desfavorable puede volverlas casi inútiles. Un concepto clave es que el *flop* debe complementar su mano. Si el *flop* no refuerza su mano ni le ofrece un proyecto muy fuerte, por lo general conviene retirarse.

Supongamos que usted igualó la primera ronda de apuestas con A♦J♦ y que el *flop* muestra Q♦5♦3♠. En este momento no tiene una mano fuerte. Lo que tiene, sin embargo, es una mano con un potencial muy grande. Si aparece otro diamante en el *turn* o en el *river*, formará un color. Y no cualquier color, sino el mejor color posible, pues el as que usted posee impide que uno de sus adversarios forme un color más alto.

Incluso si no completa un color sino que obtiene un joto o un as, eso podría bastar para llevarse el pozo.

Después del flop

Como regla general, no debe continuar después del *flop* si no tiene una pareja fuerte y una carta secundaria (carta no emparejada) decente, o un proyecto de escalera o color por lo menos con dos oponentes, para garantizar que el pozo sea lo suficientemente grande como para que valga la pena jugar.

Debido a las cartas comunes, a menudo los jugadores tienen manos iguales, salvo por su carta secundaria no emparejada. Cuando eso sucede, el valor de la carta secundaria de cada jugador determina quién se lleva el pozo en cuestión. Por eso a la mayoría de los jugadores de Texas Hold'em les encanta que les repartan A-K (o Big Slick, como lo llaman los jugadores). Si el *flop* muestra un as o un rey, el jugador que tiene un Big Slick tendrá la pareja más alta con la mejor carta secundaria posible.

La *textura del juego* —la agresividad o pasividad relativas que manifiesten los jugadores— también es importante para determinar si conviene igualar o subir una apuesta. Pero sólo es posible sentir la textura del juego y descubrir cómo puede influir en las jugadas si está jugando en vivo. Cuando no se experimenta el juego en vivo, es mejor ser precavido.

El éxito en el Texas Hold'em exige paciencia, prestar mucha atención a la posición y ser consciente de que las buenas manos salen con menos frecuencia que las mejores manos en el 7 Card Stud.

El Texas Hold'em en profundidad

En el póquer hay millones de posibles combinaciones de manos; en el Texas Hold'em, sin embargo, sólo hay 169 combinaciones iniciales de dos cartas. Esa cifra, desde luego, supone que una mano como K♦Q♦ es equivalente a otra con K♣Q♣. Si aparecieran tres diamantes en el *flop*, las cartas K♦Q♦ serían mucho más valiosas que K♣Q♣. Pero el futuro no se puede predecir ni controlar, y antes del *flop* el valor de ambas manos es idéntico.

Cada una de estas 169 combinaciones iniciales únicas pertenece a una de tan sólo cinco categorías:

- ✔ Parejas.
- ✔ Cartas conectadas.
- ✔ Cartas no conectadas (con brechas).
- ✔ Cartas conectadas del mismo palo.
- ✔ Cartas no conectadas del mismo palo.

Eso es todo. Cinco categorías. Nada más le debe preocupar.

Si no le reparten una pareja, sus cartas serán *del mismo palo* o *de palos diferentes*. También pueden estar *conectadas* (en orden secuencial) o tener *brechas* (no conectadas). Por ejemplo, son conectores K-Q, 8-7 y 4-3. Las cartas no conectadas podrían tener entre ellas brechas de varios números, e incluirían manos como K-J (una brecha, con la Q ausente), 9-6 (dos brechas, con 7-8 ausentes) o 9-3 (cinco brechas, con 4-5-6-7-8 ausentes).

Las brechas pequeñas favorecen la escalera

Por lo general, cuanto más pequeña sea la brecha, más fácil será completar una escalera. Supongamos que usted tiene 10-6. Su única posibilidad de formar una escalera es 9-8-7. Pero si tiene 10-9, puede completar la escalera con K-Q-J, Q-J-8, J-8-7 y 8-7-6.

Toda regla tiene sus excepciones. Una mano como A-K sólo puede formar una escalera; necesita Q-J-10. Lo mismo ocurre con la mano A-2; necesita combinarse con 5-4-3. Aunque las cartas están conectadas, estas manos sólo pueden formar una escalera porque se encuentran en los extremos del espectro.

Hay otras excepciones, como una mano con K-Q, que sólo de dos maneras puede formar una escalera: conectándose con A-J-10 o con J-10-9; lo mismo sucede con 3-2. Los únicos otros conectores limitados son Q-J y 4-3. Estas dos combinaciones sólo tienen la posibilidad de completar tres escaleras. La mano con Q-J requiere A-K-10, K-10-9 o 10-9-8. No hay una cuarta posibilidad porque después del as no hay cabida para otra carta. El 4-3 también está constreñido por la misma razón: después del as no se puede recurrir a otra carta. Pero todos los demás conectores pueden formar escaleras de cuatro maneras, y eso constituye una enorme ventaja en comparación con las cartas que tienen brechas de una, dos o tres cartas.

A menos que tenga la fortuna de reunir cuatro cartas alrededor de una de sus cartas con brechas, no hay modo de que estas cartas formen una escalera. Pero no se preocupe por eso: si sigue nuestros consejos, casi nunca jugará manos que tengan cuatro brechas o más, a menos que sean del mismo palo; e incluso así, sólo lo hará en circunstancias muy favorables.

Cartas con brechas

Por lo general, las cartas con brechas no son tan valiosas como las cartas conectadas (o conectores) debido a que con ellas no es fácil completar escaleras. Pero si busca formar un color, las brechas no revisten la menor importancia; al fin y al cabo, un color formado con A♥6♥ es igual de bueno que uno formado con A♥K♥. Sin embargo, A-K es más valioso, por otras razones. Supongamos que no logra formar el color; puede, entonces, completar una escalera, cosa que no podría hacer con A-6 (a menos que en la mesa salgan las cuatro cartas que requiere su escalera).

También podría ganar si sale un as o un rey. Con un as en el *flop*, habrá completado una pareja de ases con un 6 como carta secundaria no emparejada, y podría perder fácilmente frente a un rival que tenga un as con un complemento más alto. Pero cualquier pareja que usted forme con la mano A-K sería la pareja más alta con la mejor carta secundaria posible.

Actuar de último constituye una gran ventaja

Actuar hacia el final en una mano representa una gran ventaja, pues cuando está en posición tardía uno se puede dar el lujo de ver el *flop* con manos más débiles. Si a usted le corresponde actuar de último, cuenta con la ventaja de saber cuántos adversarios siguen en el pozo y cómo actuó cada uno de ellos en la ronda actual de apuestas. Es una ventaja importante, porque algunas manos iniciales se juegan mejor contra bastantes oponentes, mientras que otras se juegan mejor contra menos jugadores.

En la posición tardía también sabrá cuáles adversarios demuestran fuerza al igualar o subir apuestas. Cuanto más tarde le corresponda actuar, tendrá a su disposición más información. Y el póquer es un juego de información; de información incompleta, cierto, pero de todos modos es un juego de información.

Manos iniciales

Algunas manos iniciales son tan fuertes que se pueden jugar en cualquier posición. Estas manos no se presentan con mucha frecuencia pero cuando se producen es probable, desde el comienzo, que se lleven el pozo.

Recomendamos jugar en la posición temprana cualquier pareja de sietes o más, así como las doce combinaciones del mismo palo y las seis combinaciones de palos diferentes. Observe la siguiente tabla.

Manos propicias en posición temprana

Parejas	Sietes a ases
Del mismo palo	Ases con un rey, una reina, un joto o un 10
	Rey con una reina, un joto o un 10

	Reina con un joto o un 10
	Joto con un 10 o un 9
	10 con un 9
De palos diferentes	Ases con un rey, una reina, un joto o un 10
	Rey con una reina o un joto

Cuando se actúa de quinto, sexto o séptimo, se está en la posición intermedia y es posible jugar con tranquilidad parejas más bajas como los 6 y los 5. También puede agregar a su repertorio de posibilidades diez combinaciones adicionales del mismo palo y otras cuatro combinaciones de palos diferentes, si el pozo no se ha subido.

Manos propicias en posición intermedia

Parejas	Cincos y seises
Del mismo palo	Ases con un 9, 8, 7 o 6
	Rey con un 9
	Reina con un 9 o un 8
	Joto con un 8
	10 con un 8
	9 con un 8
De palos diferentes	Rey con un 10
	Reina con un joto o un 10
	Joto con un 10

En la posición tardía, tiene la ventaja de actuar de último o de penúltimo. Como resultado, podrá agregar una variedad de manos a su arsenal. Sin embargo, la mayoría son "gangas" que sólo se deben jugar si no se ha subido el pozo. Además, debe tener suficiente disciplina para renunciar a ellas si el *flop* muestra algo menos que una abundante cosecha de cartas amistosas.

Manos propicias en posición tardía

Parejas	Cuatros, treses y doses
Del mismo palo	Ases con un 5, 4, 3 o 2
	Rey con un 8, 7, 6, 5, 4, 3 o 2
	Joto con un 7
	10 con un 7
	9 con un 7 o 6
	8 con un 7 o 6
	7 con un 6 o 5
	6 con un 5
	5 con un 4
De palos diferentes	Rey con un 9
	Reina con un 9
	Joto con un 9 u 8
	10 con un 9 u 8
	9 con un 8 o 7
	8 con un 7

Si usted es novato en el juego, acostumbra jugar indiscriminadamente o está convencido de que dos cartas cualesquiera pueden ganar, quizás considere demasiado severas estas recomendaciones. Pero no lo son; de hecho, incluso son algo flexibles.

Una mano como K♥2♥, si bien se puede jugar en posición tardía, es una excusa muy débil para una mano de Texas Hold'em. Si en el *flop* sale un rey y hay alguna acción apreciable, es bastante evidente que alguien más tiene un rey con una carta secundaria más alta que la suya. Si sale un 2, tiene garantizada la pareja más baja en la mesa. Incluso si tiene una suerte increíble y en el *flop* sale un color, no existe garantía de que sea el mejor color. Probablemente el mejor *flop* que podría esperar sería algo como A♥2♣2♦, que le daría trío de doses con una carta secundaria fuerte. También tiene tres cartas para completar un color, y aunque no hay muchas probabilidades de conseguir otros dos corazones, es una forma adicional de ganar. Los jugadores denominan esto un proyecto *por la puerta trasera* (*backdoor*). Más importante aún, un as en la mesa garantiza que los adversarios que tengan en la mano un as igualen una o dos veces.

Sin embargo, la mano K♥2♥ y muchas otras manos propicias para jugar en posición tardía son vulnerables desde varias direcciones, y se requiere cierta habilidad para navegar por las turbias aguas de un pozo de Texas Hold'em en una canoa enclenque como ésta.

El arte de subir

Subir las apuestas le añade interés al juego y aumenta el dinero en el pozo. Subir es un acto de agresión y hace que todos se espabilen. Ya sea que se trate de una subida o de una nueva subida, la emoción aumenta. A veces alguien subirá la apuesta suya, y otras veces será usted quien suba la apuesta de otro jugador. Independientemente de quién suba, cada vez que se aumente una apuesta conviene prestar mucha atención.

Alguien sube la apuesta hecha por usted

Si alguien ha subido el pozo antes de que le toque a usted el turno de actuar, es importante que se vuelva muy selectivo con las manos que juegue. Los jugadores experimentados pueden subir con casi cualquier mano en la posición tardía si lo único que hay en el pozo son las ciegas, pero si un jugador sube en una posición temprana, presuma que tiene una buena mano y retire la suya a menos que sea muy fuerte.

Recuerde que para igualar una subida necesita una mano más fuerte que para iniciarla. Al fin y al cabo, si usted sube, sus contrincantes podrían retirarse, permitiéndole que se lleve las ciegas por falta de adversarios. Pero si usted iguala una subida, debe suponer que su contrincante tiene una mano fuerte y por lo general sólo debe igualar si cree que su mano es más fuerte aún.

Alguien sube después de que usted iguala

Cuando un adversario sube la apuesta después de que usted ha igualado, en esencia usted tendrá que igualar la subida, ver el *flop* y enseguida decidir cuál es el mejor curso de acción. Pero cuando usted iguala y un tercer contrincante sube la apuesta y luego la vuelve a subir, le conviene pensar seriamente en retirar su mano, a menos que ésta sea extremadamente fuerte.

Supongamos que usted igualó con una mano como 10♥9♥. Sólo por el hecho de que esta mano puede ser propicia para jugar en un juego suave no significa que la debe jugar. En un juego con subidas frecuentes es posible que no sea una mano propicia, porque es especulativa. La manera ideal de jugar esta mano es hacerlo en posición tardía, con bastantes oponentes, en un pozo que no haya sido elevado. En ese caso vale la pena ensayar la mano; de todos modos queda la alternativa de abandonarla si el *flop* es desfavorable.

¿Cuándo debe subir?

El Texas Hold'em es un juego que requiere una actitud a la vez agresiva y selectiva. No se puede ganar a largo plazo igualando pasivamente. Es preciso también iniciar subidas. Las siguientes son algunas manos en las que vale la pena subir:

✔ Siempre podrá subir si tiene una pareja de ases, reyes, reinas, jotos y dieces. De hecho, si alguien ha subido antes de que le llegue a usted el turno de actuar y tiene en la mano una pareja de ases, reyes o reinas, no lo dude y vuelva a subir. Lo más probable es que su mano sea la mejor. El hecho de volver a subir protege su mano al reducir el campo de acción, con lo cual se minimizan las probabilidades de que alguien tenga suerte en el *flop*.

✔ También puede subir si tiene un as con un rey, una reina o un joto del mismo palo, o un rey y una reina del mismo palo. Si sus cartas son de palos diferentes, puede subir si tiene un as con un rey o una reina, o un rey con una reina.

✔ Si está en una posición tardía y nadie ha igualado las ciegas, por lo general podrá subir sin problemas si tiene una pareja cualquiera, un as con cualquier carta secundaria o un rey con una reina, un joto, un 10 o un 9. Al subir la apuesta en esta situación, en realidad está esperando que las ciegas —que son, al fin y al cabo, manos aleatorias— se retiren. Pero incluso si juegan, es probable que su as o su rey sean la mejor mano si nadie mejora la propia.

Jugar el flop

Los momentos decisivos se cristalizan en el tiempo, se congelan para siempre en la memoria y quedan impresos en la consciencia sin posibilidad de olvido. Igual que la imagen de Neil Armstrong cuando pisó la Luna, esos momentos mágicos inciden en la manera en que usted percibe y valora el mundo que lo rodea.

El Texas Hold'em también tiene su momento decisivo, que es el *flop* (en la sección "Reglas básicas" encontrará detalles sobre el *flop*). A diferencia del 7 Card Stud, en donde las cartas que siguen después de la mano inicial se van mostrando una por una entre rondas de apuestas, en el Texas Hold'em el *flop* muestra cinco séptimas partes de la mano.

Las implicaciones de esta situación son bastante claras: si el *flop* no complementa su mano, abandónela. Seguir jugando después del *flop* es una manera segura de perder dinero. Después del *flop* se invierte la relación entre las apuestas y las cartas que vendrán. ¡Seguir adelante supondría gastar el 83 por ciento del

costo potencial de una mano en el 29 por ciento restante de las cartas!

Complemento o retirada

Complementar la mano o retirarse. Ésta es la decisión
que debe tomar al jugar el *flop*. El *flop* complementa
porque:

- ✔ Mejora su mano.
- ✔ Ofrece un proyecto que si sale puede ser muy
  bueno.
- ✔ Tiene una pareja alta antes del *flop*.

Si no mejora a una mano alta o a un proyecto con
muy buen potencial, lo mejor es retirarse, y más vale
hacerlo ya.

Flops que le van a encantar, flops para retirarse

Aunque la mayor parte del tiempo no le va a gustar
el *flop*, a veces se presentan esas raras ocasiones en
que se ajusta como un traje hecho a la medida. Si
tiene la suerte de lograr con el *flop* una escalera de
color, un póquer, un *full* o un color invencible (*nut*),
su preocupación esencial no debe ser si va a ganar
sino cuánto dinero podrá sacarles a sus rivales.

Lo primero que debe hacer es examinar la textura del
flop. Con base en el patrón de apuestas antes del *flop*,
trate de determinar si uno o más contrincantes tienen

una mano o un proyecto de mano que podría ser la segunda mejor después de la suya.

Veamos cómo manejar diferentes tipos de *flops*:

Flops adorables

✔ **Escalera de color:** Apueste la casa, la finca e hipoteque hasta el alma. Es difícil que pierda.

✔ **Póquer:** Si hay doble pareja en el centro de la mesa y usted tiene la más baja de las dobles parejas, es posible —aunque muy improbable— que pueda perder esa mano. Pero si sólo hay una pareja en el centro y usted tiene en la mano la otra pareja del mismo valor, prácticamente tiene un juego invencible. Sólo podrá perder frente a una escalera de color o una escalera real de color, a menos que se abra otra carta común y alguien más tenga un póquer de más alto valor. Pero no tema; casi nunca perderá con una mano así.

✔ *Full:* Una mano excelente, pero antes de apostar la casa tendrá que examinar el centro de la mesa para cerciorarse de que el suyo es el mejor *full* posible. Pero no tema subir la apuesta cuando tenga un *full*; es muy probable que gane.

✔ **Color invencible:** Si tiene un color alto con as cuando todas las cartas ya se han repartido y no hay ninguna pareja en el centro de la mesa —lo cual significa que es imposible un *full* o un póquer—, usted tiene la mejor mano posible. Siga apostando o subiendo y no se detenga.

✔ **Escalera invencible:** Si tiene la escalera más alta posible y no hay posibilidad de color o *full*, usted tiene la mejor mano, y punto. Apueste y suba todo lo que quiera.

Flops agradables

✔ *Set* **en la mesa seguro:** Si tiene la fortuna de tener 8♣8♦ y el *flop* es 8♥K♠2♦, habrá completado con el *flop* un *set* (tres cartas del mismo valor, de los cuales tiene en la mano dos), y no habrá mucho que temer. No hay un proyecto de color o escalera, y cualquiera que tenga en la mano un rey le va a pagar.

✔ **Tríos:** Si tiene A♥8♠ y el *flop* es 8♣8♦7♠, tiene un trío. Si la pareja estuviera en su mano sería mejor, porque si alguien tiene 8-7, completará un *full*. Pero eso no sucede con mucha frecuencia, de modo que apueste y suba siempre y cuando el centro de la mesa no plantee una amenaza.

Flops buenos

✔ **Doble pareja:** Si completa la doble pareja con el *flop* pero no es la más alta, tiene una buena mano pero sigue siendo vulnerable. Siga jugando, a menos que sea obvio que ya lo derrotaron.

✔ **Pareja más alta:** En el Texas Hold'em muchos pozos se ganan con una pareja, y esa pareja por lo general es la más alta que haya. Su preocupación principal si tiene la pareja más alta y un centro de mesa aparentemente seguro es determinar si su carta secundaria es más alta que la de su adversario.

✔ *Overpair:* Si la mesa tiene 8♥7♠2♣ y usted tiene 10♦10♠, posee en la mano una pareja que

es más alta que la carta más alta sobre la mesa.
En terminología de póquer, eso se llama *overpair*. Es mejor que la pareja más alta y por lo
general vale la pena subir la apuesta.

Flops peligrosos

✔ **Carta secundaria problemática:** Incluso si
usted tiene la pareja más alta, la fuerza de su
mano dependerá de su carta secundaria. Es
mucho mejor tener la pareja más alta con un
as como carta secundaria que con una carta
secundaria más débil.

✔ **Mesa del mismo palo:** Los *flops* en los que
todas las cartas son del mismo palo o están
en secuencia, como 10-9-8, son peligrosos. Es
posible que alguien ya haya completado una
escalera o un color, e incluso si usted tuvo la
suerte de completar un *set* con el *flop*, va cuesta arriba y es posible que deba salir en la mesa
una pareja —que le dé un *full*— para que pueda
ganar. Con pareja más alta, o incluso con doble
pareja, es mejor ser discreto cuando hay un
flop del mismo palo o de cartas en secuencia.

Overcards

Una *overcard* es una carta más alta que la carta más
alta en la mesa. ¿Conviene jugar las *overcards*? Muchos de sus oponentes probablemente igualen con
una *overcard*. Supongamos que usted iguala antes del
flop con K-J, tiene tres contrincantes y el *flop* es de
8-6-3 de palos diferentes. ¿Qué debe hacer si alguien
apuesta? ¿Conviene igualar, con la esperanza de que
la siguiente carta de la baraja sea un rey o un joto

— una de las seis cartas restantes en la baraja que presumiblemente le darían una mano ganadora? ¿O es mejor retirarse y esperar un *flop* que complemente su mano?

Para tomar una buena decisión es preciso conocer a sus rivales, así como las manos que probablemente van a jugar. Luego, es indispensable examinar el *flop*. ¿Es el tipo de *flop* que tenderá a ayudar a uno o más jugadores? ¿O es tan irregular que difícilmente sus adversarios tendrán cartas que formen pareja con él? También debe analizar cuántos contrincantes tiene. A mayor número de rivales, más probabilidades habrá de que el *flop* le ayude por lo menos a uno de ellos.

Si tiene dudas, es mejor pecar de cauteloso hasta que adquiera suficiente experiencia en el juego y pueda dominar este tipo de situaciones.

Proyecto de mano con el flop

Cuando el *flop* le ofrezca un color de cuatro cartas o una escalera de cuatro cartas, tendrá que decidir si sigue con su proyecto de mano. A continuación le explicamos cómo tomar esa decisión.

Necesitará suficientes oponentes como para que el tamaño del pozo compense las probabilidades matemáticas en contra de que usted complete la mano. ¿Cuántos contrincantes necesita? Si tiene tres o más, suele valer la pena seguir con su proyecto. Si tiene dos cartas altas, como A-Q, es probable que lleve ventaja frente a un solo adversario, independientemente de que complete la mano. También podría ganar emparejando cualquiera de sus cartas en el *turn* o el *river*. A veces sólo dos cartas altas bastan para ganar en una confrontación.

Seis consejos para jugar con éxito en el *flop*

Los siguientes consejos le ayudarán a jugar con éxito en el *flop*:

✔ Si el *flop* no complementa su mano, casi siempre tendrá que renunciar a ella. El *flop* define la mano.

✔ Cuando el *flop* le complemente una mano alta, déles a sus oponentes la oportunidad de formar la segunda mejor mano, pero evite darles más adelante una carta gratuita que le podría ganar a usted.

✔ Si es novato en el Texas Hold'em, es mejor ser prudente. Sale más barato.

✔ Si tiene una mano con múltiples posibilidades, juéguela rápido. Su valor es superior a las posibilidades de sus adversarios.

✔ Sea selectivo en las manos que planea jugar antes y después del *flop*, pero sea agresivo cuando tenga una mano que lo merezca.

✔ Si con el *flop* tiene un proyecto de mano, manténgalo siempre y cuando el pozo prometa una recompensa mayor que las probabilidades en contra de completar su mano.

Posibilidades múltiples

De vez en cuando tendrá con el *flop* manos que ofrezcan muchas posibilidades. Supongamos que tiene 8♥7♥ y que el *flop* es 7♣6♠5♥. El *flop* le ofrece una pareja, así como un proyecto de escalera, y tiene potencial para formar otra mano por la puerta trasera, si completa un color (vea la sección "Manos iniciales" para mayor información sobre proyectos de puerta trasera).

Cuando el *flop* le da una mano con más de una manera potencial de ganar, ésta es más fuerte que cualquiera de los componentes individuales. Es posible que su pareja gane por sí sola. Su mano podría mejorar a trío o a doble pareja. Podría formar una escalera en el *turn* o el *river* o un color si las siguientes dos cartas son ambas corazones.

Veamos otro ejemplo. Usted tiene A♣J♣ y el *flop* es A♥9♣4♣. Es probable que usted tenga la mejor mano y que pueda ganar incluso si no mejora. También es posible que tenga suerte y convierta su buena mano en una mano excelente. Un joto le daría dos parejas, un as le daría trío de ases, y cualquier trébol le daría un color invencible.

Con una mano tan prometedora, le conviene la acción. Aumente el pozo apostando o subiendo. Y si cree que uno de sus rivales va a apostar, puede intentar pasar en falso.

Jugar el turn

La *carta turn* es la cuarta carta que se reparte destapada y es común para todas las manos. Algunos expertos dicen que el *turn* se juega solo. Aunque no se puede jugar el *turn* en piloto automático, no conviene que se meta en muchos problemas a menos que ya haya cometido el error de quedarse para el *turn* cuando no ha debido. Si ése es el caso, lamentablemente ya habrá apostado un buen dinero a un caballo cojo.

Gran parte del tiempo ni siquiera estará para el *turn*. Habrá abandonado la mayoría de sus manos antes del *flop* y habrá retirado otras al comprobar que el *flop* no complementaba su mano. Si no hay una razón lógica para estar en el pozo cuando se reparta el *turn*, ya ha debido retirar su mano. Puede dilapidar su banca con mucha facilidad si hace una apuestita cada vez. Los malos jugadores hacen justamente eso: igualar una apuesta más, y luego otra. Aunque igualar una apuesta puede ser insignificante, si iguala muchas podría terminar arruinado.

Si ha llegado al *turn* debe tener una buena mano, un proyecto prometedor o la convicción de que su blof se puede llevar el pozo.

Si tiene un proyecto de escalera de extremos abiertos o un proyecto de color y se enfrenta a dos o más oponentes, lo mejor suele ser igualar una apuesta en el *turn*. Sin embargo, si en la mesa hay una pareja y se han hecho una apuesta y una subida antes de su turno, tenga cuidado. Podría estar enfrentándose a un *full*. De ser así, de todos modos va a perder.

Tal vez se enfrente a un *set* o a una doble pareja. Una vez más, conocer a sus adversarios le ayudará a determinar qué cartas podrían tener. Si está jugando contra alguien que nunca sube con una mesa con tres cartas del mismo palo a menos que pueda ganarle a ese probable color, retire su mano.

Siete consejos útiles para mejorar su juego en el *turn*

Aunque el *turn* no es tan difícil de jugar como el *flop*, los siguientes consejos le serán útiles para tomar buenas decisiones:

✔ Suba la apuesta cuando tenga la doble pareja más alta en el *turn*, a menos que haya en la mesa tres cartas de un mismo palo u otra combinación peligrosa.

✔ Si tiene un proyecto de escalera de extremos abiertos o un proyecto de color con dos o más oponentes, iguale la apuesta en el *turn*. Sin embargo, si la mesa tiene parejas y hay frente a usted una apuesta y una subida, tenga cuidado: podría estar enfrentándose a un *full*.

✔ Apueste o pase (planeando subir) cuando esté seguro de tener la mejor mano. Súbales el costo de la salida a sus adversarios.

✔ Si tiene un proyecto, procure completar su mano de la forma menos costosa posible.

✔ Si tiene una mano con la cual igualaría, apostar —en vez de igualar— es una estrategia mejor si cree que existe la posibilidad de que su apuesta hará que su rival se retire.

✔ Preste atención a la posibilidad de iniciar un proyecto en el *turn*. Le podría permitir seguir jugando una mano que de lo contrario abandonaría.

✔ "¿Debo pasar en falso o apostar?", es una pregunta que surge con frecuencia. A menos que crea que su contrincante va a apostar y a igualar su subida, lo mejor es apostar.

Si el *turn* no ayudó y un jugador hizo una apuesta, no sólo ha subido el costo sino que también ha disminuido el número de rondas de apuestas futuras. Tendrá menos oportunidades de castigar a sus oponentes si completa su mano. Es más, varios de ellos probablemente también se retirarán en el *turn*, dejándolo con menos contrincantes para castigar, si usted tiene suerte en el *river*.

¿Debe seguir si tiene un proyecto?

Es una situación común tener con el *flop* un proyecto de color con cuatro cartas o un proyecto de escalera de extremos abiertos. Si es relativamente barato, siempre se debe quedar para la carta del *turn*, sobre todo cuando esté seguro de que, si la completa, la suya será la mejor mano. Pero la mayoría de las veces la carta del *turn* no le ayudará. Los jugadores lo llaman un *stiff*. Al fin y al cabo, si con el *flop* usted tiene un proyecto de color con cuatro cartas, sólo habrá de su palo nueve cartas restantes en la baraja.

Incluso si no completa en el *turn* su escalera o su color, por lo general vale la pena ver la carta del *river* con la esperanza de que le mejore el juego y pueda disfrutar de la recompensa.

¿Debe pasar en falso o apostar?

Supongamos que le repartieron Q-J, en el *flop* formó un proyecto de escalera de extremos abiertos cuando aparecieron en la mesa 10-9-5, y completó su mano cuando salió en el *turn* un 8. Si tiene mucha suerte, uno de sus oponentes tiene 7-6 o J-7 y completa una escalera más baja. Eso sería excelente, pues ese contrincante estaría jugando sin ninguna posibilidad de ganar, si tampoco hay posibilidades de color.

Si usted intenta pasar en falso y sus contrincantes igualan después de usted, eso le habrá costado cierto dinero. ¿Debe apostar, con miras a que entre más dinero en el pozo? ¿O quizás sea mejor pasar en falso e intentar buscar una recompensa mayor, sin olvidar que es posible que no aumente el pozo si todos sus adversarios también pasan?

Es hora de actuar como Sherlock Holmes y emprender un trabajo detectivesco de reconstrucción del juego en esa mano. ¿Hubo mucha acción antes del *flop*, lo que llevaría a pensar que sus oponentes tenían manos altas o parejas altas? ¿Subieron en el *flop*, lo que sugeriría que quizá estaban tratando de forzar el retiro de cualquier proyecto de escalera? ¿O simplemente pasaron e igualaron, lo que sugeriría que también estaban a la expectativa y ya completaron la mano, aunque es inferior a la suya?

Pero un rival que tenga una sola pareja alta también podría pasar, puesto que el *turn* mostró posibilidades de escalera. Si cree que ése es el caso, le conviene más hacer una apuesta, pues el otro jugador puede igualar, aunque retiraría la mano si fuera quien apostara y usted subiera.

Si su adversario también tiene un proyecto, tal vez usted podría pasar con la esperanza de que el otro intente llevarse el pozo con un blof. Otra posibilidad es que el jugador haya completado una escalera más baja que la suya, y que apueste desde una posición tardía. Si ése es el caso, usted podrá subir con la seguridad de que su oponente no retirará la mano, incluso si sospecha que usted tiene la escalera invencible.

En este caso, recordar cómo se ha jugado la mano es más importante que conocer las tendencias de sus oponentes. Si puede deducir qué tipo de mano —o manos— tienen probablemente sus adversarios, podrá decidir si conviene más hacer una apuesta o intentar pasar en falso. Recuerde, a menos que crea que su contrincante va a apostar y a igualar su subida, el mejor curso de acción es apostar.

Blofear en el turn

Supongamos que usted subió la apuesta con A-K antes del *flop* y luego apostó contra dos oponentes cuando el *flop* mostró J-7-3. No cree que tengan manos fuertes y sabe que son jugadores lo bastante sensatos como para retirarse si creen que han sido derrotados.

Como sus adversarios tienen que contemplar la posibilidad de que usted tenga un *overpair* (una pareja en la mano, más alta que cualquiera de las cartas en la mesa) o un joto con una buena carta secundaria, les sería difícil igualar con algo menos fuerte que una mano como J-8. Desde luego, si ellos tienden a igualar, igualarán con casi cualquier mano, y usted debe intentar reconocer sus hábitos para no tratar de blofear con quienes nunca retiran una mano.

Un buen jugador también entiende que usted podría estar apostando una mano como A-K. Sin embargo, es posible que no iguale incluso si tiene una mano como 8-7, pues no tiene certeza de qué tiene usted y podría ser derrotado si se equivoca con respecto a su posible blof.

Su apuesta puede hacer que un oponente retire la mejor mano. Incluso si iguala, el *river* podría mostrar un as o un rey y darle a usted el pozo. Pero si usted apuesta y le suben su apuesta, retírese. Desde luego,

¿Debe blofear en el *turn*?

Es difícil saber si conviene blofear en el *turn*. Estos cinco consejos le ayudarán a decidir:

✔ No blofee con jugadores mediocres. Para ganarle a un jugador mediocre, simplemente tendrá que mostrar la mejor mano.

✔ Conozca a su adversario. ¿Abandonará la mano o igualará?

✔ ¿Cree que su rival está a la expectativa y abandonará la mano si no mejora en el *turn*?

✔ ¿Cuánto dinero hay en el pozo? Cuanto más dinero contenga el pozo, más probabilidades habrá de que alguien iguale simplemente por este factor. Casi todos los jugadores abandonarán un pozo pequeño más fácilmente que uno grande.

✔ Repase mentalmente la mano. ¿Su patrón de apuestas o subidas haría presumir a un buen jugador que usted tiene una mano alta? Si lo no cree, no blofee.

también otro jugador puede estar tratando de engañar. Pero eso no suele suceder lo bastante como para que le deba preocupar, sobre todo en juegos de límite bajo. La mayoría de las veces, si sube en una situación así terminará derrotado.

Jugar el river

Si todavía está compitiendo por el pozo mientras aguardan la última carta de la mesa (la carta *river*), debe tener una mano fuerte o un proyecto de lo que usted cree que, si lo completa, será la mejor mano. Si está jugando con oponentes prudentes, lo que podría haber empezado como una mano entre cinco o seis jugadores probablemente se habrá reducido a dos o tres cuando se hayan expuesto todas las cartas de la mesa.

Valor real frente a valor potencial

Antes de la última carta, debe hacer muchas consideraciones estratégicas sobre sus posibilidades de mejora. Podría, por ejemplo, apostar una mano compuesta por una pareja y cuatro colores. Esa pareja y su potencial para formar un color, junto con las posibilidades de mejorar a doble pareja o a trío, hace que valga la pena jugar la mano. El valor depende tanto de su valor real como de su valor potencial.

Una vez que se ha expuesto la carta del *river*, su mano ya no tiene valor potencial. Ahora todo el valor es real, para bien o para mal. Si el proyecto de color no se materializó, usted se quedó con una pareja que puede no ser suficiente para llevarse el pozo.

También debe modificar su pensamiento estratégico porque no queda ningún valor potencial sobre el cual pueda basar sus decisiones.

¿Qué debo hacer al definir mi proyecto?

Muchos novatos del Texas Hold'em pasan automáticamente con un buen color en posición temprana, con la esperanza de pasar en falso y atrapar así a sus oponentes en una apuesta adicional. Otros siempre apuestan. Se trata de dos estrategias muy distintas. ¿Cuál es la correcta?

Ésta es la primera parte de la regla general sobre la estrategia de pasar en falso: hágalo cuando crea que la mayoría de las veces que le igualen la apuesta tendrá la mejor mano.

La segunda parte de la regla general sobre esta estrategia es que tiene que estar seguro de que su oponente apostará si usted pasa. No es muy divertido pasar en una mano muy buena sólo para comprobar que sus contrincantes también pasan, sobre todo cuando usted sabe que habrían igualado si usted hubiera apostado.

Si no está seguro de que va a tener la mejor mano si le igualan la apuesta, o no está seguro de que uno de sus adversarios apostará si usted pasa, no utilice la estrategia de pasar en falso.

Pareja más alta en el river

Un dilema persistente es qué hacer cuando tiene la pareja más alta contra uno o dos oponentes y todas las cartas ya se expusieron. Ahora tendrá que decidir si conviene pasar o apostar o, si su adversario actúa primero, si conviene igualar, retirarse o subir.

Si es observador, habrá notado que algunos contrincantes casi siempre apostarán en el *river* con la pareja más alta, a menos que exista una fuerte amenaza de color o escalera. Otros casi nunca apuestan con una pareja, incluso si la mesa no representa una amenaza. La mayoría, sin embargo, se ubica en un lugar intermedio. Hay que valerse del buen juicio: no existe una fórmula que le ayude a determinar el mejor curso de acción, pero sí hay algunas acciones que pueden ayudarle a decidir.

Supongamos que usted actúa primero y sube antes del *flop* con A-K. Dos oponentes igualan. Usted apuesta en el *flop* y en el *turn*. Ahora la mesa muestra A-Q-4-7-9 de palos diferentes. Todas las cartas están expuestas, nadie se ha retirado y es su turno de actuar. ¿Conviene apostar o pasar?

Usted le ganará a cualquier pareja pero perderá si alguien tiene doble pareja. A menos que una de las personas que igualen su apuesta tenga en la mano una pareja de nueves y haya completado en el *river* un *set*, probablemente podrá descartar la idea de que hay un *set* ahí fuera en contra de usted. Si uno de sus adversarios hizo un *set* en el *flop* o en el *turn*, habría subido en el *turn*, cuando los límites de las apuestas se doblaron.

Lo que en realidad le debe preocupar, desde luego, es la posibilidad de que uno de sus oponentes tenga doble pareja. Si un contrincante tuviera A-Q, probablemente habría subido antes del *flop,* igualado en el *flop* y subido su apuesta en el *turn.* Un rival que tuviera A-7, A-4, Q-4 o Q-7 probablemente hubiera subido en el *turn.*

Si sus adversarios normalmente subirían con cualquier doble pareja e igualarían con manos inferiores, como A-8 o Q-J, a usted le conviene apostar. Si hubieran completado doble pareja en el *turn,* en ese momento probablemente habrían subido la apuesta. Salvo en el eventual caso de que tuvieran A-9, Q-9, 9-7 o 9-4, una apuesta suya en el *river* hará que igualen, y usted ganará.

Ahora imagine el mismo escenario, pero esta vez su oponente es quien actúa primero. Si él apuesta, ¿debe usted retirarse, igualar o subir? ¿Y si él pasa, debe usted apostar?

Si su adversario es muy agresivo y tiende a jugar manos débiles, puede subir si usted sospecha que está apostando una mano más débil que la suya. Si es un jugador selectivo, simplemente iguale la apuesta. Si es una verdadera roca que casi nunca blofea, si es que alguna vez lo hace, entonces cada vez que apueste en el *river* abandone cualquier juego inferior a la pareja más alta con una carta secundaria muy alta.

La clave, desde luego, es conocer a sus adversarios y sus tendencias. La pareja más alta en el *river* es una situación muy frecuente, y es de crucial importancia que aprenda a jugarla bien.

Cinco consejos para navegar en el *river*

Navegar en el *river* puede ser difícil. Siga este mapa y evitará muchos escollos:

✔ Una vez expuesta la carta del *river*, su mano ya no tiene valor potencial. El valor ahora es real.

✔ La decisión de pasar o apostar si nadie ha actuado —o de retirarse, igualar, subir o volver a subir si ha habido una acción— sólo se puede basar en el valor real de su mano.

✔ Si completa doble pareja, por lo general su mano será la mejor. Pero si el *turn* o el *river* aportan una tercera carta de un mismo palo, tenga cuidado: su rival podría haber completado un color.

✔ Cuando se trata de un mano a mano y el pozo es sustancioso, es mejor equivocarse igualando con la peor mano que retirarse siendo el ganador.

✔ Cuando se iguala en exceso, se requiere una mano lo bastante fuerte como para derrotar las manos que igualan legítimamente.

Cuando el pozo aumenta

Los pozos a veces se engordan bastante, sobre todo cuando ha habido una subida antes del *flop*. Esto puede atar a muchos jugadores al pozo, y si el *flop* les da a sus rivales un proyecto de color o de escalera, dé por seguro que seguirán hasta el final.

Si no llegan las cartas para completar la escalera o el color, una apuesta por lo general sacará del juego a los oponentes con un proyecto. A menudo sólo dos o tres contrincantes compiten en el *river* por un pozo muy grande.

Usted podría estar compitiendo con una segunda pareja, o quizás con la pareja más alta con una carta secundaria marginal, y su oponente apuesta. Tiene una mano que abandonaría si el pozo fuera pequeño, pero con tanto dinero, ¿qué debe hacer? Supongamos que está jugando en un Texas Hold'em de 3 USD-6 USD y el pozo está en 90 USD al llegar al *river*. Si su adversario apuesta, el pozo contiene ahora 96 USD y le ofrece 16 a 1 por su dinero. Si usted iguala y le ganan, el costo es de apenas 6 USD adicionales.

Sin embargo, si abandona la mano y su rival estaba blofeando, significa que cometió un error de 96 USD.

La respuesta debería ser obvia. Si cree que ésta es una situación en la que su oponente blofearía más de una vez en dieciséis veces, iguale. Sólo si está seguro de que nunca blofearía podrá abandonar la mano sin remordimientos.

Siempre le irá mejor si comete el pequeño error de igualar con una mano perdedora que si comete el error catastrófico de retirarse siendo el ganador. En la situación que se mencionó anteriormente, incluso si su oponente sólo blofeara una vez de cada diez, a usted le conviene mucho más igualar que retirarse.

Si igualara diez veces, perdería 6 USD en nueve ocasiones, lo que significaría una pérdida total de 54 USD. En la décima ocasión, ganaría un pozo de 96 USD, con un beneficio neto de 42 USD. Si divide esos 42 USD por cada una de las diez veces que igualó, su decisión de igualar valdrá 4.20 USD cada vez que la tome, independientemente de si se lleva ese pozo en particular.

Cinco consejos para ganar en el Texas Hold'em

Si juega correctamente el Texas Hold'em, habrá incorporado a su juego todos estos consejos:

✔ Juegue pocas manos en posición temprana. Renunciará a muchas manos, pero ahorrará dinero.

✔ En el Texas Hold'em la posición es crucial. Ciertas manos que usted abandonaría en posición temprana pueden merecer una subida en posición tardía.

✔ Si el *flop* no le ayuda, conviene pensar en retirarse, independientemente de que su mano pueda haber parecido atractiva antes del *flop*.

✔ Muchos de sus oponentes jugarán un A-K con la misma fuerza que con una pareja de ases o reyes, pero no es lo mismo. La mano A-K es un proyecto poderoso, pero por lo general requiere ayuda en el *flop* para llevarse el pozo.

✔ El Texas Hold'em sólo se parece al 7 Card Stud. En realidad son juegos muy distintos debido al uso de cartas comunes, los aspectos relativos a la posición y el hecho de que en el *flop* verá el 71 por ciento de su mano para una sola ronda de apuestas.

Si actúa de segundo y cree que hay alguna probabilidad de que tenga la mejor mano, incluso si no se considera el favorito, podría subir si apuesta su adversario. Si lo hace, es posible que su tercer rival retire la mano. Si su primer oponente estaba apostando una mano débil con la esperanza de que usted se retirara, es posible que ahora él se retire, si sospecha que usted tiene un juego muy bueno. Eso también le añade algo de engaño a su juego, pero igual que en otros juegos engañosos, hay que usar esta estrategia con moderación.

Capítulo 5

Omaha

• •

En este capítulo

▶ Familiarizarse con el Omaha Hi/Lo

▶ Saber cuándo continuar y cuándo retirarse

▶ Entender el Omaha Hi/Lo en profundidad

▶ Jugar el *turn*

▶ Jugar el *river*

▶ Jugar el Omaha Hi

• •

*R*esulta poco práctico referirse al póquer "Omaha Hold'em 8 o mejor con pozo dividido entre
mano alta y mano baja", de modo que lo llamaremos
simplemente Omaha Hi/Lo, que es el nombre más
común para referirse a este juego. "El juego del futuro", como muchos expertos en póquer lo consideran,
es una variación del Texas Hold'em en la que cada
jugador recibe cuatro cartas tapadas. A semejanza
de su primo el Texas Hold'em (vea el capítulo 4),
se reparten cinco cartas comunes —que todos los
jugadores pueden usar— destapadas en el centro de
la mesa. La mejor mano alta y la mejor mano baja se
dividen el pozo.

Como sucede en la mayoría de los juegos con pozo dividido, puede haber bastantes fichas en la mesa porque algunos jugadores están tratando de completar la mejor mano baja, otros intentan formar la mejor mano alta y algunos quieren llevarse todo el pozo.

El Omaha Hi/Lo también estimula la acción porque a cada jugador se le reparten cuatro cartas en vez de las dos que reciben los jugadores de Texas Hold'em. Como es natural, con cuatro cartas a su disposición, muchos jugadores encuentran fácilmente una mano que les parece digna de jugar.

Aunque es posible que a veces se sienta confundido al intentar definir cuál es la mejor mano de cinco cartas entre las cinco cartas comunes en el centro de la mesa y las cuatro cartas privadas que cada jugador tiene en la mano, no se preocupe: si sabe jugar el Texas Hold'em, podrá jugar Omaha Hi/Lo. Más adelante en este mismo capítulo también exploraremos el Omaha Hi (una variación del Omaha Hi/Lo con mano alta únicamente).

Jugar Omaha Hi/Lo por primera vez

El Omaha Hi/Lo se parece bastante al Texas Hold'em, que seguramente ya domina si ha leído el capítulo 4, aunque se destacan cuatro diferencias importantes:

✔ El Omaha Hi/Lo es un juego de pozo dividido entre mano alta y mano baja, lo cual implica que un mayor número de jugadores entran en cada pozo, hay más fichas en el centro de la mesa y hay también más acción.

✔ Cada jugador debe completar su mejor mano de cinco cartas utilizando dos cartas de su mano y tres cartas comunes. En el Texas Hold'em pueden formar la mejor mano usando dos, una o incluso ninguna de las cartas privadas. Si está jugando Texas Hold'em y tiene el as de espadas en un juego en el que la mesa tiene cuatro espadas adicionales, usted tendrá un color. En Omaha, sin embargo, no tendría nada, porque debe jugar obligatoriamente dos de sus cartas —ni una más, ni una menos— para completar una mano válida.

✔ Como tiene cuatro cartas con las cuales puede trabajar, tiene la posibilidad de formar seis combinaciones iniciales diferentes. En otras palabras, al recibir cuatro cartas privadas tiene seis veces más manos iniciales potenciales que en el Texas Hold'em. Como resultado, las manos ganadoras tienden a ser bastante mejores que en el Texas Hold'em.

✔ Las escaleras y los colores son bastante corrientes; la doble pareja, que a menudo es una mano ganadora en el Texas Hold'em, casi nunca gana en este juego. Sin importar qué tan buena pueda ser una mano alta que usted complete, cuando haya en la mesa tres cartas comunes sin pareja, con valor de 8 o inferior, es probable que alguien forme una mano baja y, por lo tanto, se reduzca a la mitad el gran pozo que usted esperaba ganar.

Apuestas ciegas

Antes de que se distribuyan las cartas, los dos primeros jugadores a la izquierda de la posición del crupier deben hacer apuestas ciegas, que se utilizan para estimular la acción en vez de las apuestas obligatorias (para información más detallada sobre las apuestas ciegas, vea los capítulos 2 y 4).

En un juego Omaha Hi/Lo 6 USD-12 USD, las ciegas suelen ser de 3 USD y 6 USD. Cada ciega se considera *viva*. Como las ciegas representan una primera apuesta obligada, los jugadores que deben hacer dichas apuestas pueden subir (pero sólo en la primera ronda) después de que se ha dado vuelta a la mesa con las apuestas y les llega nuevamente el turno de actuar.

A diferencia del póquer Stud, en donde la posición se determina mediante las cartas expuestas en la mesa, aquí el jugador con el botón actúa de último en cada ronda de apuestas, a excepción de la primera.

La estructura de reparto y de apuestas

A cada jugador se le reparten cuatro cartas tapadas y se realiza una ronda de apuestas. En la primera ronda, los jugadores pueden igualar o subir la apuesta ciega, o retirar sus manos. En casi todos los casinos permiten una apuesta y tres o cuatro subidas por ronda de apuestas, salvo por una excepción: cuando sólo dos jugadores compiten por el pozo, el número de posibles subidas no tiene límite.

Cuando se completa la primera ronda de apuestas, se destapan simultáneamente tres cartas comunes —denominadas el *flop*— en el centro de la mesa. En seguida se realiza otra ronda de apuestas. En ésta y las rondas siguientes, los jugadores pueden pasar si nadie ha apostado cuando le toca el turno de actuar al jugador en cuestión. Si no hay apuesta, un jugador puede pasar o apostar. Si hay apuesta, los jugadores deben retirarse, igualar, subir o volver a subir.

Se descubre entonces una cuarta carta común, denominada el *turn*. Se realiza otra ronda de apuestas. Enseguida se descubre en el centro de la mesa la quinta y última carta común —conocida como río, o *river*—, tras lo cual se procede con una última ronda de apuestas.

La mejor mano alta de cinco cartas y la mejor mano baja de cinco cartas se dividen el pozo, siempre y cuando se cumplan las siguientes condiciones:

✔ Un jugador debe usar exactamente dos cartas de sus cuatro cartas privadas (ni una más y ni una menos) para completar una mano.

✔ Para tener una mano baja, un jugador debe combinar dos cartas cualesquiera sin pareja con un valor de 8 o inferior, con tres cartas comunes sin pareja con un valor de 8 o inferior.

Un jugador puede formar una mano alta y una mano baja utilizando diferentes cartas para completar ambas manos. Por ejemplo, si sus cartas privadas son A♣2♦3♥K♥ y las cinco cartas comunes son Q♥9♠7♥6♥4♠, tiene un color. El color se forma combinando su K♥3♥ con las cartas comunes Q♥7♥6♥. También tendría una mano baja, que completaría combinando su A♣2♦ con las cartas 7♥6♥4♠ de la mesa.

Tendría una excelente mano bidireccional. Aunque es posible que un jugador haya completado un color más alto si tiene en la mano el A♥ y cualquier otro corazón, nadie podría tener una mejor mano baja que la suya. Podría empatar en mano baja con alguien que también tuviera un as y un 2. En ese caso, simplemente se dividirían la parte baja del pozo. Pero créanos, es una mano excelente, que no se presenta con frecuencia.

A los jugadores principiantes a menudo les es difícil determinar cuál sería la mejor mano en Omaha. Antes de poner dinero y participar en una partida, recomendamos que reparta algunas manos y trate de identificar cuáles son la mejor mano alta y la mejor mano baja.

Una mano de muestra

En la figura 5-1 se aprecia un ejemplo de mano con todas las cartas ya repartidas.

Así pues, al final, cuando ya se han repartido todas las cartas comunes, las manos quedan como se indica en la tabla 5-1:

Tabla 5-1	Posibles manos de la figura 5-1	
Jugador	**Mejor mano alta**	**Mejor mano baja**
1	Escalera alta	Rueda baja 5 (mejor mano posible)
2	Escalera alta 7	Baja 7-6
3	Trío de nueves	Sin mano baja

Tabla 5-1 *(Continuación)*

Jugador	Mejor mano alta	Mejor mano baja
4	Doble pareja: treses y cuatros	Baja 8-7
5	Color alto con as	Baja 7-5
6	Escalera alta 7	Baja 7-6
7	No hay parejas	No hay mano baja
8	Pareja de cuatros	Baja 6-5

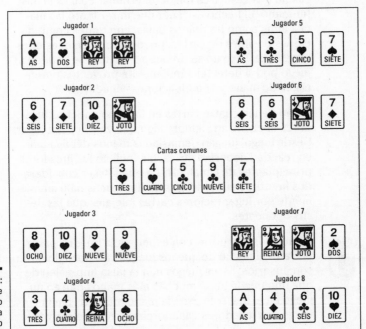

Figura 5-1: Ejemplo de una mano de Omaha Hi/Lo

Se puede apreciar que el jugador 1 ganará la mano baja y el jugador 5 ganará la alta. El jugador 8 tiene una buena mano baja, pero es posible que pierda bastante dinero.

Saber cuándo continuar y cuándo retirarse

Si el Omaha le parece un juego confuso, quizás le sirva de consuelo saber que incluso a los crupiers de casino a veces les es difícil determinar cuál es la mejor mano. El hecho de tener que mirar tanto las manos altas como las manos bajas, con tantas combinaciones posibles de cartas, puede nublar en ocasiones el cerebro. Pero no se preocupe: cuando se habitúe al juego podrá detectar rápidamente proyectos potenciales de mano y combinaciones ganadoras.

Como tienen cuatro cartas en la mano, muchos jugadores encuentran siempre algo que vale la pena jugar. Desde luego, juegan demasiadas manos débiles que en realidad deberían descartar. Incluso los jugadores principiantes de Omaha Hi/Lo pueden ser considerados favoritos en los juegos de límite más bajo simplemente por jugar mejores cartas iniciales que las de sus oponentes.

Incluso los jugadores con experiencia pueden pasar por alto el hecho de que los juegos con pozo dividido son ilusorios. Estos juegos dan la falsa impresión de que uno puede jugar muchas más manos que en un juego en el que sólo gana la mano más alta. Sin embargo, los jugadores ganadores son más selectivos que sus contrincantes y sólo entran en pozos con manos superiores a las que juegan sus adversarios.

El Omaha Hi/Lo parece incluso más confuso cuando se tiene una mano bidireccional y es preciso determinar si se tiene la mejor mano baja y también la mejor mano alta.

Aunque exige concentración el hecho de determinar las mejores manos altas y bajas (vea la figura 5-1), el precepto subyacente del Omaha Hi/Lo es bastante sencillo: las manos ideales son las que ofrecen posibilidades de llevarse el pozo completo. Eso, por lo general, significa empezar con manos bajas que también brinden la oportunidad de convertirse en escalera o color. También es posible empezar con cartas altas y esperar un *flop* compuesto exclusivamente por cartas altas. Cuando esto sucede, el pozo tenderá a ser un poco más pequeño. Pero no se divide. Si el *flop* tiene tres cartas altas, se tendrán que retirar todos los proyectos de mano baja. Su inversión en el pozo es *dinero muerto*, y éste se lo llevará la mejor mano alta.

Posición, posición y posición

En el Omaha Hi/Lo, al igual que en el Texas Hold'em, la posición se fija para la mano completa. Esto significa que si usted está en posición tardía y el pozo no se ha aumentado, podrá ver el *flop* con manos que pueden ser un poco más débiles que aquéllas que por lo general usted consideraría jugar, porque tiene menos probabilidades de que le suban la apuesta. La posición permite tener suerte con ciertas manos que no se podrían jugar con provecho en un pozo que se ha subido.

En un juego típico de nueve manos, la posición inicial, o temprana, incluye las ciegas y los dos jugadores a la izquierda de éstas. Los jugadores quinto, sexto y séptimo están en posición intermedia y los jugadores octavo y noveno se encuentran en posición tardía.

El flop debe complementar la mano

Shane Smith, un escritor especializado en temas de póquer, acuñó la frase "fit or fold" (ajustarse o retirarse). Esto es particularmente válido en el Omaha Hi/Lo. El *flop* se debe ajustar a su mano, dándole una mano muy fuerte o un proyecto que permita tener la mejor mano posible. Si el *flop* no cumple estos criterios, lo más aconsejable es retirar la mano.

El Omaha Hi/Lo en profundidad

Con manos iniciales de cuatro cartas hay todo tipo de combinaciones posibles, pero no es necesario que se ocupe de muchas de ellas; casi todas se reconocen fácilmente como manos que podrá abandonar sin remordimiento alguno.

Las mejores combinaciones iniciales del Omaha Hi/Lo son coordinadas y de alguna manera funcionan conjuntamente. Muchos contrincantes jugarán manos en las que sólo tres de las cuatro cartas funcionan juntas, y otros jugarán cuatro cartas cualesquiera que parezcan buenas.

Manos iniciales

Las siguientes secciones muestran ejemplos de manos iniciales de Omaha Hi/Lo. Desde luego, no son las únicas posibilidades; en el primer ejemplo, una mano como A-2-3-5 es tan buena como A-2-3-4.

Las mejores manos

✔ **A♣2♣3♦4♥:** Un as de un mismo palo y tres cartas bajas pueden completar la mano baja invencible (*nut*), así como una escalera y un color invencible. Al tener cartas bajas en secuencia, está protegido de que su mano se desvalorice si llegan a la mesa una o incluso dos de sus cartas bajas. Se dice que la mano de un jugador se *desvaloriza* si una de sus cartas bajas se duplica en la mesa, lo cual debilita considerablemente su mano. Por ejemplo, usted tiene A-2-7-9 y la mesa muestra 3-4-8. En este momento, usted tiene la mejor mano baja posible (8-4-3-2-A). Supongamos que la carta del *turn* es un 2. Ahora su mano baja es 7-4-3-2-A, pero ya no es la baja invencible, y si un oponente tiene en la mano A-5, tendrá una mano baja invencible, así como una escalera con 5 como carta más alta (denominada *rueda* o *bicicleta* para una mano alta, también).

✔ **A♣K♦3♦4♣:** Un A-K de dos palos ofrece dos combinaciones de color, dos combinaciones de escalera, un proyecto de mano baja muy buena y protección contra la posibilidad de completar una baja y que se la desvaloricen.

✔ **A♣A♦2♦3♣:** Las características de esta mano son un par de ases, dos proyectos de color invencibles, una mano baja protegida contra desvalorización y un proyecto de mano baja invencible.

✔ **A♣A♥K♣K♥:** En esta mano no hay posibilidades de mano baja, pero un A-K de dos palos es una mano muy poderosa porque es factible completar una escalera, dos colores y *sets* de ases o reyes que se pueden convertir en *full* si en la mesa hay una pareja.

✔ **A♣2♣3♦9♥:** Sólo hay tres cartas coordinadas, pero si en el pozo hay bastantes jugadores, tendrá un proyecto de mano baja invencible protegido contra desvalorización.

Manos muy buenas

✔ **A♣2♣5♦5♥:** Algunas posibilidades son proyecto de color, proyecto de mano baja invencible y proyecto de escalera. Con el *flop* también podría obtener un *set* para su pareja de cincos. El A-2 del mismo palo con cualquier pareja puede ser desvalorizado como mano baja y no es tan fuerte como las mejores manos, pero sigue siendo una buena mano.

✔ **A♣Q♣J♦10♥:** Lo ideal sería ver en el *flop* sólo cartas de figuras, con la esperanza de completar la mejor escalera posible o tres tréboles. Si forma con el *flop* un color y hay expuestas dos cartas bajas, debe apostar o subir en todas las oportunidades con el fin de elevar lo más posible el costo si juegan contra usted manos bajas. Si se forma una mano baja, usted habrá perdido la mitad del pozo.

✔ **2♣3♦4♥5♣:** Lo mejor sería que saliera un as, junto con otras dos cartas bajas. Si eso sucede, usted habrá completado la mano baja invencible y es probable que también tenga un proyecto de escalera.

✔ **A♥3♦5♠7♥:** Aunque se trata de un buen proyecto de mano baja con posibilidades de color invencible, no podrá formar la mejor mano baja posible a menos que las cartas comunes incluyan un 2. Pero sí podrá completar fácilmente la segunda mejor mano baja, lo cual a menudo crea problemas. Supongamos que David tiene A-3-x-x, Karen tiene 3-4-x-x y Alberto tiene A-2-x-x. Supongamos que, al final de la mano, la mesa muestra K-K-8-7-5. Los tres jugadores formaron manos bajas, pero Alberto completó la mejor mano baja posible. La mano de David es la segunda mejor mano baja posible, y si él apostara y Alberto subiera la apuesta, David perdería la mitad baja del pozo.

Otras manos factibles pero no óptimas

✔ **K♣2♣3♦4♥:** Esta mano ofrece un proyecto de color, aunque no el color invencible, y un proyecto de mano baja que no será la mejor mano baja a menos que salga un as en la mesa. Sin embargo, es factible en posición tardía, aunque a menudo es preciso abandonar este tipo de mano si el _flop_ no se adapta a ella con precisión.

✔ **K♣K♦10♦10♠:** Esta mano puede completar una escalera, aunque con mucha dificultad, y puede formar un color, aunque no el mejor de todos. La mano también puede mejorar a _set_ o a _full_. Se puede jugar, pero es el tipo de mano que parece mucho más fuerte de lo que en realidad es.

✔ **8♠9♥10♦J♣:** Éste es un proyecto de escalera sin posibilidades de color. Si forma una

escalera 5-6-7-8-9, cualquier mano baja se llevará la mitad del pozo. Si completa una escalera
alta, corre el riesgo de perder todo el pozo si
otro jugador tiene una escalera todavía más alta.
En el Omaha Hi/Lo las cartas de mediano valor
son riesgosas, y ésta es otra de esas manos que
parece mucho mejor de lo que en realidad es.

✔ **K♣Q♦2♦3♣:** Ésta es una mano de apariencia
prometedora, que también puede causar problemas. De bueno tiene dos palos, lo que permite dos proyectos de color. También hay dos
proyectos de escalera, así como la posibilidad
de completar una mano baja. Lo malo es que
ninguno de los proyectos de color incluye un
as y es imposible formar la mejor mano baja a
menos que en las cartas comunes aparezca un
as. Esta mano y muchas similares se denominan *manos problemáticas.* Son seductoras pero
traicioneras y a menudo pueden conducir al
desastre.

✔ **5♣6♦7♦8♣:** Las cartas de valor medio auguran
problemas, incluso si incluyen dos palos, como
en este ejemplo. Con cartas de valor medio hay
muy pocas posibilidades de llevarse el pozo
completo. Otro jugador podría llevarse todo el
pozo, sobre todo si usted completa una escalera y su contrincante forma una escalera con
cartas más altas.

Aprender a escoger las manos

Toda modalidad de póquer exige varias habilidades.
Pero en el Omaha Hi/Lo, la selección de las manos

es más importante que cualquier otra. Como en el Omaha Hi/Lo cualquier mano que es *posible* también es *probable*, no es necesario ser experto en leer la mente de sus rivales. Por lo general, basta con leer las cartas comunes para ver cuál es la mejor mano posible. El blof tampoco es tan importante en el Omaha Hi/Lo como en otras variedades de póquer.

Por ejemplo, si está jugando Texas Hold'em y ya se repartieron todas las cartas, podría tener éxito si intenta blofear contra uno o dos adversarios. Pero no en el Omaha Hi/Lo. Con cuatro cartas iniciales en la mano, cada jugador tiene seis combinaciones iniciales. Tratar de blofear contra dos jugadores es como tratar de hacerlo contra una docena de combinaciones de manos iniciales. En la mayoría de los casos la táctica no va a funcionar.

De hecho, si nunca ha blofeado al jugar Omaha Hi/Lo, tanto mejor.

Como no es necesario blofear, o incluso poseer la capacidad de leer la mente de sus contrincantes, la destreza esencial que se requiere para ganar en este juego es la selección de manos.

Algunos jugadores empiezan con cuatro cartas casi cualquiera, y si usted tiene la disciplina de esperar a que tenga buenas cartas iniciales —manos coordinadas con cartas que se apoyan unas a otras de alguna manera discernible—, tendrá una ventaja sobre la mayoría de ellos.

Actuar de último es una gran ventaja

Si está en posición tardía, puede darse el lujo de ver el *flop* con manos más débiles. Cuanto más tarde actúe, más información tendrá a su disposición, y el póquer es un juego de información; información incompleta, desde luego, pero de todos modos es un juego de información.

Buscar un flop

Antes de decidir igualar con las cuatro cartas que le repartieron, pregúntese qué tipo de *flop* sería ideal para su mano. Y cuando vea el *flop*, determine qué mano sería perfecta para él. Este tipo de análisis le ayudará a definir cómo se ajusta el *flop* a su mano.

Las siguientes son ocho maneras convenientes de caracterizar los *flops* en el Omaha Hi/Lo:

✔ **Parejas:** Cuando sale en el *flop* una pareja, la mejor mano alta posible es un póquer (que los jugadores llaman *quads*), a menos que exista la posibilidad de una escalera de color. Aunque el *flop* con *quads* es raro, sí existe una posibilidad clara de *full*.

✔ **Color o proyecto de color:** Tres o dos cartas del mismo palo.

✔ **Escalera o proyecto de escalera:** Tres o cuatro cartas seguidas, o con brechas lo bastante estrechas como para que sea posible completar una escalera.

✔ **Alta:** Tres o dos cartas superiores a 8. Si tres cartas tienen un mayor valor que un *flop* de 8, no es posible completar una mano baja.

✔ **Baja o proyecto de baja:** Tres o dos cartas con un valor de 8 o menos.

Estas agrupaciones no son mutuamente excluyentes y algunos de sus atributos pueden aparecer combinados. Por ejemplo, si el *flop* fuera A♣2♣2♦, sería a la vez *parejas* y *baja*, y contendría un *proyecto de color* y un *proyecto de escalera*.

Es importante reconocer cuándo un *flop* ofrece múltiples posibilidades y entender cómo se ubica su mano en el orden jerárquico de dichas posibilidades.

Supongamos que usted igualó en la primera ronda de apuestas con A♦2♦3♣K♠, y el *flop* es Q♦5♦4♠. En este momento no tiene una mano completa, pero sí tiene un proyecto de mejor color y la mejor mano baja. En terminología de póquer, tiene un proyecto para formar el color invencible y la mano baja invencible. Cualquier diamante le dará el mejor color posible. Desde luego, si esa carta resulta ser el 4♦, alguien más podría completar un *full* si ese jugador tiene en la mano una pareja de reinas o de cincos, o podría formar un póquer si tiene una pareja de cuatros.

Si sale cualquier carta con un valor de 8 o menos y no forma pareja con una de las cartas bajas en la mesa, usted tiene la mejor mano baja posible. También tiene un proyecto de escalera, y si aparece un tercer diamante y no hace pareja con la mesa, usted también tiene el color invencible.

Si sale un 2, se dice que el 2 en su mano está desvalorizado, porque ese 2 en la mesa les pertenece a todos
los jugadores. Sin embargo, usted todavía tiene la
mejor mano baja posible. Esa tercera carta baja en la
mano lo protege de la desvalorización.

La desagradable experiencia de una división por cuartos

Si sólo se lleva una cuarta parte del pozo porque se repartió la mitad baja de dicho pozo con otro contrincante, se dice de ambos que fueron *divididos por cuartos*.

Si sólo tres jugadores compiten en una mano y dos de
ellos empatan en la mano baja, cada una de las manos bajas pierde dinero pese a que cada uno se lleva
una cuarta parte del pozo. Funciona así: supongamos
que cada jugador puso en el pozo 40 USD. Si lo dividie-
ron por cuartos en la mano baja, la mano alta se lleva
la mitad de los 120 USD. Luego, los 60 USD restantes se
dividen por la mitad. Cada una de las manos bajas
recibe 30 USD. Como cada uno contribuyó con 40 USD, el
rendimiento de su inversión es sólo 75 céntimos por
dólar (o moneda correspondiente); si sigue ganando
pozos así, pronto irá a la quiebra.

Con cuatro jugadores en el pozo, es posible dividirlo
por cuartos y usted queda nivelado. Con cinco jugadores o más, sale ligeramente bien librado si lo dividen por cuartos. Sin embargo, la división por cuartos
no es nada deseable.

Peor aún es jugar manos que no tienen muchas posibilidades de convertirse en la mejor mano en una

o en ambas direcciones. Si juega cartas de valor mediano, como 9-8-7-6, es posible que complete una escalera pero termine repartiéndose el pozo con una mano baja. Si forma el extremo inferior de una escalera con Q-J-10, no tendrá que preocuparse de que una mano baja se lleve la mitad del pozo, pero sí existe el peligro de que pierda el pozo completo frente a una escalera más alta.

Jugar proyectos de mano baja que no contengan un as y un 2 invita a formar la segunda mejor mano baja, que es la forma en que pierden dinero muchos jugadores de Omaha Hi/Lo. Juegan manos que parecen buenas, pero que no son lo suficientemente buenas como para ser la mejor mano en esa dirección.

Más allá del flop

Como regla general, no debe seguir más allá del *flop* si no tiene la mejor mano posible o un proyecto que permita obtener la mejor mano alta, la mejor mano baja, o ambas.

Con seis posibles combinaciones de dos cartas en la mano de cada jugador, hay muchas manos factibles, de modo que cerciórese de que tendrá la mejor mano si sale la carta que necesita.

Veamos un ejemplo: supongamos que el *flop* es K-8-7 de palos mixtos y usted tiene 2-3 entre sus cuatro cartas. Si en la mesa aparece un 4, un 5 o un 6, usted completará una mano baja pero también lo hará su contrincante con proyecto de A-2. Tan pronto vea el *flop*, conviene que considere algunos de estos aspectos antes de que decida si sigue jugando:

✔ **Calidad del proyecto:** Si completa su mano, ¿será invencible? Supongamos que tiene Q♠J♠ entre sus cartas iniciales y el *flop* muestra otras dos espadas. Aunque tiene un proyecto de color, hay dos colores más altos posibles. Es una mano peligrosa. Tener un proyecto de segunda o tercera mejor escalera, o de segunda o tercera mejor mano baja, o creer que ya tiene ganado este pozo porque en el *flop* completó el tercero o el segundo mejor *set* son variaciones usuales de este tema. El Omaha Hi/Lo es un juego en el que el proyecto debe buscar manos invencibles.

✔ **Porcentaje del pozo:** ¿Qué porción del pozo aspira a ganar? ¿Tiene una mano que podría llevarse todo el pozo si la completa? ¿Tiene un proyecto de mano para la mitad alta del pozo o sólo para la mitad baja? Más de un jugador puede tener un proyecto para la mejor mano baja y, a menos que usted tenga por lo menos cuatro adversarios, perderá dinero si sólo se lleva una cuarta parte del pozo.

✔ **Oponentes:** Algunas manos se juegan mejor contra muchos rivales mientras que otras se juegan mejor con pocos. Con un proyecto de color o un proyecto de escalera, necesita cinco o seis contrincantes para que el proyecto valga la pena, si piensa en dividir el pozo.

✔ **Tamaño del pozo:** Determine cuánto dinero va a ganar si se lleva el pozo completo, si se lleva la mitad y si se lleva un cuarto. Eso orientará sus decisiones.

✔ **Si hay subidas o no:** Cuando se sube el pozo antes del *flop* en Omaha Hi/Lo, quien lo sube por lo general tiene una mano baja excelente, como A-2-3-4 o A-2-3-K, con el as del mismo palo que alguna de sus cartas. Si el *flop* muestra únicamente cartas altas, lo más probable es que quien haya subido no plantee ningún riesgo para usted.

Qué hacer si le suben la apuesta

Si alguien ha subido el pozo antes de que le llegue a usted el turno de actuar, sea selectivo en las manos que juegue. Cuando se sube antes del *flop*, la persona que subió siempre tiene una excelente mano baja. Si usted tiene un proyecto de mano baja diferente de A-2 con protección desvalorización, retire la mano.

Como el blof es poco frecuente en el Omaha Hi/Lo, si le suben la apuesta después del *flop*, quien la haya subido por lo general tiene:

✔ La mejor mano alta posible.

✔ La mano baja invencible con un proyecto de mano alta.

✔ Una mano alta con un buen proyecto de mano baja.

Como en todas las variedades del póquer, necesitará una mano más fuerte para igualar una subida que para iniciarla. Antes de igualar una subida en Omaha Hi/Lo, piense que su oponente tiene una mano fuerte, y muy posiblemente una mano fuerte en una dirección y un proyecto de mano igualmente fuerte en otra dirección. Iguale sólo si cree que su mano es más fuerte.

Continuar con un proyecto luego del flop

La siguiente es la manera de decidir si debe continuar su proyecto si tiene con el *flop* un color de 4 o una escalera de 4:

Cuando tenga tres o más oponentes, vale la pena seguir con un proyecto si cree que se llevará el pozo entero en caso de que complete su mano. Si tiene un proyecto alto de escalera o color y está seguro de que uno de sus rivales ya tiene una mano baja, la mitad del pozo le corresponderá a él, de modo que usted necesitará cinco o seis adversarios para que el proyecto sea rentable.

Pero si tiene un proyecto y en la mesa sólo hay dos cartas bajas, no tema apostar, o incluso subir, para hacerles costoso a sus adversarios seguir con los proyectos que tienen en busca de la mitad del pozo. Si esa mano baja nunca se materializa, la inversión de ellos es dinero muerto y usted lo podrá reclamar si completa su mano.

La tabla 5-2, en la página siguiente, indica sus probabilidades de completar una mano baja. Observe el efecto que tiene el *flop* sobre estas posibilidades dependiendo de las cartas bajas que reciba.

Tabla 5-2   Probabilidades de completar una mano baja

Cantidad de cartas bajas diferentes que le repartieron	Probabilidades antes del flop de formar una mano baja	Probabilidades de formar una mano baja si salen otras dos cartas bajas en el flop	Probabilidades de formar una mano baja si sale otra carta baja
4	49%	70%	24%
3	40%	72%	26%
2	24%	59%	16%

Jugar el turn

Si sobrevivió al *flop*, siga jugando si ha hecho algo de lo siguiente:

✔ Formó la mejor mano alta con el *flop*.

✔ Tiene un proyecto de mejor mano alta.

✔ Formó la mejor mano baja con el *flop*.

✔ Tiene un proyecto de mejor mano baja.

✔ Formó con el *flop* una mano bidireccional. Tal vez no tenga la mejor mano posible en cada dirección, pero si cree que puede ganar en una dirección e intentar ganar en la otra, siga jugando.

Si contesta las preguntas de las cuatro secciones siguientes, podrá juzgar si vale la pena seguir jugando.

¿Cómo juegan mis oponentes?

Si sus rivales son jugadores poco selectivos, puede continuar con su proyecto de segunda mejor mano alta; pero si son jugadores selectivos, quizás le convenga no continuar, a menos que tenga un proyecto de mejor mano o ya la haya completado.

¿Qué cartas tendrá en la mano mi oponente?

Si el pozo se ha subido, para que se justifique igualar la apuesta usted debe pensar en el tipo de manos con las que su oponente subiría la apuesta, así como en las manos posibles de los demás participantes en el pozo.

¿Cómo estoy yo en relación con los demás?

Si cree que le pueden subir la apuesta si usted iguala, necesita una mano mucho más fuerte que la que requeriría si no tuviera razón para temer una subida.

¿Cuánto costará seguir hasta el final?

Éste es el tema del riesgo o la recompensa. La cantidad de dinero que podría ganar si completa la mano debe ser mayor que la probabilidad en contra de que la complete. En otras palabras, si cree que va a ganar 30 USD con una inversión de 5 USD, vale la pena permanecer en el juego, siempre y cuando la probabilidad en contra de completar la mano sea inferior a 6 a 1.

Jugar el *turn* en Omaha Hi/Lo

Si sobrevive al *flop*, los siguientes consejos le servirán para jugar con éxito el *turn*:

✔ Apueste o suba agresivamente si completó en el *turn* la mejor mano posible.

✔ Si tiene la mano baja invencible junto con otra carta baja para proteger la mano de ser desvalorizada, apueste e iguale todas las apuestas pero procure no subir. No le conviene sacar del juego otras manos que le podrían pagar, y debe evitar que otro jugador complete un proyecto y tengan que repartirse el pozo por cuartos.

✔ Si tiene la mano baja invencible junto con un proyecto de mano alta, puede subir en posición tardía. Si está en esta situación, le conviene que inviertan más dinero en el pozo. Usted probablemente se llevará la mitad baja y lo mejor es que haya dinero adicional en el pozo por si se lo lleva todo.

✔ Iguale con un proyecto si las probabilidades de llevarse el pozo son superiores a las probabilidades en contra de completar su mano, y usted sabe que si le sale la carta que necesita, tendrá la mejor mano.

Si puede ganar 30 USD con una inversión de 5 USD, la relación entre el costo de su inversión y el tamaño del pozo es de 30 a 5, lo cual equivale a 6 a 1.

Si la probabilidad en contra de que complete la mano es de apenas 3 a 1, esto representa una buena apuesta. Pero si tiene 9 a 1 en contra suyo, es mejor que retire la mano.

Jugar el river

Debido a la gran cantidad de posibilidades de escalera, color y *full* que se generan cuando las cuatro cartas privadas de cada jugador se combinan con cinco cartas de la mesa, los juegos de Omaha Hi/Lo se deciden muchas veces con la última carta (o *river*). En esto difiere el Omaha Hi/Lo bastante del Texas Hold'em. Éste último es un juego de *flop* y la mejor mano en el *flop* suele ser la mejor mano en el *river*.

En Omaha la situación es diferente. Si hay en el *river* cinco jugadores activos, puede tener la seguridad de que por lo menos tres de ellos tienen en la mano una o más combinaciones en proyecto. Incluso los dos jugadores que tienen en ese momento la mejor mano alta y la mejor mano baja podrían tener también proyectos de mejores manos. Con tantas posibilidades, es muy probable que casi cualquier carta le ayude a alguien.

Aunque el suspense puede ser frustrante, imagine su dicha si su proyecto se completa y se lleva el pozo entero. Pero el *river* es traicionero. A continuación presentamos algunos consejos para navegar con seguridad.

Cuando usted completa la mejor mano alta

Si usted tiene la mejor mano alta después de que se han repartido todas las cartas, puede apostar o subir sin temor. Con seguridad se llevará por lo menos la mitad del pozo, y quizás se lo lleve todo si no hay mano baja.

Es el momento indicado para ser agresivo. Procure que su oponente invierta en el pozo la mayor cantidad posible de dinero; por lo menos la mitad le llegará a usted.

Cuando usted completa la mejor mano baja

Tener la mejor mano baja no es tan sencillo como tener la mejor mano alta. Si usted está absolutamente seguro de que tiene la única mano baja invencible, podrá apostar o subir como si tuviera la mejor mano alta. Pero si uno de sus contrincantes tiene la misma mano —algo bastante frecuente en el Omaha Hi/Lo—, la recompensa será apenas un cuarto del pozo. Cuando esto sucede, es difícil ganar dinero. Se necesitan por lo menos cinco jugadores en el pozo para obtener un beneficio, que de todos modos no será muy alto.

Supongamos que cinco jugadores invirtieron en el pozo 20 usp cada uno. Si en la mano baja lo dividen por cuartos, usted y la otra mano baja recibirán cada uno 25 usp, lo que equivale a una magra ganancia de 5 usp sobre la inversión. La mano alta se llevará 50 usp, que representa una ganancia de 30 usp.

Si tiene una mano bidireccional puede ser agresivo, sobre todo si sabe que tiene la mejor mano en una dirección. En el ejemplo de 20 usp por jugador, usted habría ganado 100 usp, lo que significaría un beneficio de 80 usp si logra llevarse todo el pozo.

Lo anterior demuestra que el Omaha Hi/Lo y otros juegos divididos son terreno bastante resbaladizo.

Ocho secretos para ganar en Omaha Hi/Lo

Los siguientes son algunos consejos útiles en el aprendizaje del Omaha Hi/Lo:

✔ Cada jugador tiene cuatro cartas privadas, que multiplican por seis las combinaciones iniciales en comparación con las manos del Texas Hold'em.

✔ Con tantas combinaciones, las manos tienden a ser mayores en Omaha que en Texas, y una mano posible por lo general también es probable. Por ejemplo, un *full* sólo es posible con una mesa con pareja tanto en el Texas Hold'em como en el Omaha Hi/Lo. Pero en el Omaha el *full* es mucho más frecuente, porque los jugadores tienen seis veces más combinaciones de manos iniciales que en el Texas Hold'em.

✔ Exactamente dos —ni una más, ni una menos— de las cartas de su mano se deben utilizar para formar manos de cinco cartas.

✔ El Omaha Hi/Lo es un juego de pozo dividido. Si tiene una mano alta y ve en la mesa tres cartas bajas, su mano alta pierde algo de valor. Lo más probable es que tenga que dividir el pozo.

✔ Juegue pocas manos desde la posición temprana. Retirará muchas manos, pero ahorrará dinero.

✔ Juegue manos coordinadas. Si sus primeras cuatro cartas no funcionan juntas, retire la mano y espere a que se le presente una mejor oportunidad.

✔ Si el *flop* no ayuda ni ofrece un proyecto muy fuerte en una o ambas direcciones, retire la mano.

✔ La mejor estrategia es jugar cartas bajas que también tengan el potencial de formar manos altas.

Llevarse el pozo no sólo es el doble de bueno que ganar la mitad de la confrontación: la ganancia por lo general es bastante mejor que eso.

Explorar el Omaha Hi

El Omaha no es necesariamente un juego dividido entre mano alta y mano baja; también se puede jugar como un juego en el que sólo hay mano alta.

El Omaha Alto, u Omaha Hi, a menudo se juega en los casinos con límite del pozo. En estos juegos las apuestas pueden subir con gran velocidad, y lo último que le aconsejaríamos a un principiante es que juegue póquer con límite o sin límite del pozo.

Con frecuencia el Omaha Hi hace su aparición en los torneos importantes —de los que se disputan durante una semana o más—, y por lo general se juega con límite del pozo.

La mecánica del Omaha Hi es idéntica a la del Omaha Hi/Lo. Cada jugador recibe cuatro cartas como mano inicial. Después de una ronda de apuestas, se destapan en el *flop* tres cartas comunes. Siguen una ronda de apuestas, una cuarta carta común y otra ronda de apuestas. Luego se destapa en la mesa una quinta carta común. Viene una última ronda de apuestas y la mejor mano de cinco cartas se lleva el pozo. A semejanza de lo que ocurre en el Omaha Hi/Lo, un jugador debe usar dos cartas de su mano y combinarlas con tres cartas comunes para formar su mejor mano.

Hasta el momento todo va bien. Todo parece igual. Pero si juega Omaha Hi, descubrirá que existen algunas diferencias importantes en materia de estrategia:

✔ **Descarte las manos bajas:** Si las manos bajas no ganan nada en este juego, ¿qué sentido tiene jugar cartas bajas? Una mano como A-2-3-4 es excelente en Omaha Hi/Lo porque permite completar fácilmente la mejor mano baja y asegurar la mitad del pozo. Pero esa misma mano no sirve cuando se juega únicamente la modalidad de mano alta.

✔ **El rango medio funciona:** En Omaha Hi/Lo casi nunca se juega una mano como 9-8-7-6. Si usted forma la mejor escalera posible, probablemente una mejor mano baja se llevará la mitad del pozo, y si completa el lado bajo de una escalera, como 8-9-10-J-Q, existe una gran probabilidad de que otro jugador tenga una escalera más alta. Pero si el juego sólo reconoce manos altas, no tendrá que preocuparse de que una mano más baja le arrebate la mitad del pozo.

✔ **Aproveche los proyectos de escalera:** Cuando se juega con mano alta, el Omaha es muchas veces un juego de escaleras y colores. Como a cada jugador le reparten cuatro cartas privadas que se pueden mezclar para formar seis combinaciones diferentes de dos cartas, completar una escalera o un color es más fácil que en el Texas Hold'em, donde cada jugador tiene sólo una combinación de dos cartas para definir su juego. Siempre que exista una posible escalera dada por la serie de cartas comunes, es mucho más probable que una mano de Omaha tenga la combinación correcta de dos cartas que una mano de Texas Hold'em.

Desde luego, cuando en la mesa hay una pareja, es posible que alguien tenga un *full* o un póquer. No obstante, dejando de lado estas posibilidades, lo más usual son las escaleras y los colores. Es imposible que alguien forme un color si no hay tres cartas comunes del mismo palo. Ahí es donde intervienen los *wraps* (proyectos de escalera): si usted tiene cuatro cartas seguidas o cuatro cartas con una brecha pequeña, puede formar una escalera. A continuación presentamos un ejemplo de una mano que exige atención a las escaleras.

En Omaha se tienen hasta veinte oportunidades de formar una escalera. Si empezó con J-10-7-6 y el *flop* muestra 9-8-3, tiene posibilidades de formar una escalera con Q, J, 10, 7, 6 o 5. Cuatro de esas cartas están en su mano, pero como falta repartir otras dos cartas para la mesa, hay más de 70 por ciento de posibilidades de que usted complete una escalera. En comparación, en el Texas Hold'em el número máximo de cartas que usted puede tener con probabilidades de completar su escalera es ocho.

✔ **Colores de valor alto:** Si quiere completar un color, más vale que piense en grande. Nada es más frustrante que formar un color y perder contra otro más alto. Por razones obvias, con una mano 9-8-7-6 es mejor intentar completar una escalera que un color.

En sus partidas caseras puede ensayar el Omaha Hi y el Omaha Hi/Lo para decidir qué versión prefiere.

Pero si acude a un club de póquer o a un casino, no se podrá dar este lujo antes de entrar en una partida seria. En circunstancias así, la mejor manera de aprender a jugar el Omaha Hi es buscar un torneo barato. Incluso si el torneo es con límite del pozo, podrá participar y aprender el juego, siempre y cuando la cuota de ingreso al torneo se ajuste a su presupuesto.

Parte II

Estrategia avanzada

"NO SOY MUY BUENA PARA LEER CARAS DE PÓQUER, PERO CREO QUE APOSTARÍA CONTRA SU MANO".

En esta parte...

Jugar y ganar al póquer implica mucho más que suerte con la mano que le repartieron, y esta parte cubre dos aspectos bastante importantes del juego: el blof y la administración del dinero. El capítulo 6 da algunas pautas sobre cómo blofear y también sobre cómo reconocer el blof que hacen los otros jugadores. En el capítulo 7 recurrimos a las matemáticas para ayudarle a decidir cómo proceder cuando esté ganando, cuando esté perdiendo y cuando esté nivelado.

Capítulo 6

El blof

● ●

En este capítulo

▶ Entender el blof

▶ Saber por qué es importante el blof

▶ Utilizar equilibradamente el blof

▶ Conocer diferentes tipos de blof

▶ Examinar el blof y la posición

▶ Blofear a más de un oponente

▶ Mejorar la práctica del blof

● ●

"*B*lofear" (*bluffing*, en inglés) es el elixir mágico del póquer. Es el arte de la prestidigitación con la que se desarrolla el drama. Es lo que alimenta los mitos. Al fin y al cabo, ¿qué sería de una película de vaqueros sin una escena de póquer en la que un jugador blofea para arrebatarle a su rival un gran fajo de billetes?

Para quienes no juegan al póquer o tienen apenas conocimientos superficiales del juego, el blof es lo que más llama la atención en el juego.

¿Qué es exactamente blofear?

Pida a la mayoría de jugadores de póquer que definan el blof y le dirán que es apostar una mano débil con la esperanza de sacar del pozo a otros jugadores. Al fin y al cabo, sin blof el póquer sería un juego aburrido. Se harían apuestas y la mejor mano ganaría. Siempre.

Las cartas tenderían a nivelarse a largo plazo; sin la posibilidad de blofear, todos los jugadores tendrían las mismas expectativas y, en último término, nadie ganaría dinero.

Pero algunos jugadores ganan casi todo el tiempo y otros pierden casi todo el tiempo. Y a menudo es el blof —o más exactamente la posibilidad de que el adversario pueda estar blofeando— lo que distingue a los ganadores de los perdedores. Después de todo, el blof es tan sólo una forma de engaño; y el engaño es un componente esencial para ganar en póquer.

Si sus adversarios supieran siempre qué cartas tiene usted, sería difícil ganarles. El engaño es el arte de mantener a los demás en la incertidumbre, y resulta una habilidad esencial en un jugador de póquer.

Diferentes tipos de blof

El blof asume diversas formas, y la razón para blofear muchas veces depende de las cartas que tenga, de lo que crea que tienen los otros jugadores y de lo que usted cree que ellos creen que usted tiene.

✔ **Apostar —o subir— con una mano inútil.** Con esta técnica, usted tiene una mano débil pero actúa como si fuera fuerte. La maniobra también funciona en la dirección contraria: puede actuar como si tuviera una mano débil cuando tiene una mano muy fuerte, con el fin de tenderles una trampa a sus compañeros de juego.

✔ **Apostar o subir en las rondas de apuestas baratas.** Este blof se utiliza con el fin de obtener una carta gratis más adelante en la mano, cuando el costo de las apuestas se dobla.

✔ **Apostar con un semiblof:** El destacado teórico del póquer David Sklansky, quien acuñó el término *semiblof*, lo define como "una apuesta con una mano que, si la igualan, no parece ser la mejor mano en ese momento, pero tiene una posibilidad razonable de superar las manos que igualaron su apuesta".

Con un semiblof, el jugador tiene dos maneras de ganar:

- El oponente podría pensar que la persona que está blofeando tiene la mano que está representando, y podría retirar su mano.

- Si el contrincante iguala, el jugador que está blofeando podría obtener la carta que necesita y ganarle de esa manera.

La importancia del blof

Algunos jugadores —pero son pocos— nunca blofean. Cuando los haya identificado, será fácil ganarles. Si apuestan tan pronto se reparten todas las cartas, lo mejor es que usted retire su mano a menos que crea que la suya es mejor que la de ellos. Si eso piensa, debe subir.

Otras personas tienen por costumbre blofear. Cuando apuestan, usted debe igualar si tiene una mano razonable. Aunque las personas que blofean habitualmente también completan manos reales de vez en cuando, el hecho de hacerlo con excesiva frecuencia le facilita a usted la decisión: si iguala, ganará mucho más dinero a largo plazo del que se ahorraría retirándose.

Que sigan adivinando

No hay una respuesta fácil frente a un jugador que a veces blofea, pero no siempre. Los jugadores que blofean algunas veces son mejores que los que se ubican en los extremos del espectro. Los buenos jugadores, desde luego, lo mantendrán a usted adivinando si están blofeando. Y cuando tiene que adivinar, a veces se equivoca. Así son las cosas.

Desde luego, es posible que detecte una pista (un gesto revelador) y sepa cuándo su adversario está blofeando, pero eso casi nunca sucede. La triste realidad es que los jugadores que lo mantienen tratando de adivinar sus intenciones le causarán muchos más problemas que los jugadores predecibles.

En la mayoría de los juegos con límite bajo, los jugadores tienden a blofear en exceso. Al fin y al cabo, cuando se juega al póquer con límite fijo, sólo cuesta una apuesta adicional ver la mano de otra persona.

Además, los pozos por lo general son bastante grandes con relación al tamaño de una apuesta y se justifica igualar.

Supongamos que el pozo contiene 90 USD y su oponente apuesta 10 USD. Ese pozo contiene ahora 100 USD y el costo de haber igualado es apenas 10 USD. Incluso si usted detecta que su adversario blofea sólo una de cada diez veces, debe igualar. Al igualar, las leyes de la probabilidad indican que perdería una apuesta de 10 USD en nueve oportunidades, lo que significa una pérdida de 90 USD. Aunque ganaría sólo una vez, el pozo ganado costaría 100 USD. Después de diez casos como éste, usted tendría un beneficio neto de 10 USD. Como conclusión, podría decirse que, independientemente del resultado de una mano en particular, igualar cada vez le costó a usted un dólar.

La amenaza del blof

La amenaza del blof es tan importante como el blof mismo. Un buen jugador —aquel que no blofea demasiado ni poco, y parece hacerlo en las circunstancias propicias— tiene a su favor algo más. Se trata de la *amenaza del blof*. ¿Tiene una buena mano o está blofeando? ¿Cómo puede usted saberlo? Si no puede, ¿cómo sabrá qué hacer cuando el otro jugador apueste?

No hay respuestas sencillas para estas preguntas e incluso los mejores jugadores no tendrán un excelente promedio de aciertos la mayoría de las veces. Como resultado, la amenaza del blof, combinada con el blof en sí, tiene como fin ayudarle a un jugador a ganar algunos pozos que de lo contrario perdería y a ganar más dinero en los pozos en los que verdaderamente tiene la mejor mano.

Al fin y al cabo, si usted tiene la mejor mano y apuesta, su oponente no siempre sabrá si está blofeando. Si hay bastante dinero en el pozo, lo más probable es que iguale. Ése sería el error menos costoso. Finalmente, si retira una mano ganadora y renuncia a un pozo grande, sería un paso en falso más costoso que igualar una apuesta adicional.

El blof y la amenaza del blof van de la mano. Un blof le puede permitir a un jugador ganar un pozo que cree que perdería si se mostraran las manos. La amenaza del blof le permite a un jugador con una buena mano ganar más dinero que si su oponente supiera que nunca blofea.

La paradoja del blof

Un buen jugador debe adoptar una estrategia intermedia. Esto significa que a veces le igualarán cuando blofee, y perderá esa apuesta. Otras veces retirará la mejor mano porque un adversario logró sacarlo del pozo blofeando.

Ninguno de los dos casos es agradable. Pero recuerde que es inevitable cometer errores cuando se tiene información incompleta. Uno puede igualar con demasiada frecuencia o muy poca. También puede blofear con demasiada frecuencia o no hacerlo nunca. Y la única manera de eliminar errores en uno de los extremos es cometerlos en el otro.

Los jugadores muy cautelosos, aquéllos que nunca igualan a menos que estén seguros de su triunfo, evitan igualar con una mano no muy buena pero renuncian a un pozo que se habrían podido llevar. Los jugadores que igualan todo el tiempo se ganan prácticamente todos los pozos posibles, pero muchas veces terminan perdiendo en el momento de la confrontación.

La paradoja es que los buenos jugadores cometen ambos tipos de errores parte del tiempo para evitar ser predecibles en uno de los extremos del espectro del blof. Al fin y al cabo, existe una relación entre el riesgo y la recompensa. Si nunca lo atrapan haciendo un blof, se distinguirá en los anales del póquer por su capacidad para blofear, o no está blofeando con bastante frecuencia. Por el contrario, si casi todas las veces lo atrapan haciendo un blof, está abusando del recurso.

Si iguala todo el tiempo, nunca perderá un pozo que podría haberse ganado; y si casi nunca iguala, sus oponentes aprenderán que pueden ganar apostando y sacándolo del pozo a menos que tenga una mano muy fuerte.

Después de todo, la práctica del blof se ajusta al habitual consejo materno: "Todo con moderación".

No todos los blofs son iguales

No todos los blofs se parecen. Algunos funcionan mejor que otros en una situación dada, de modo que examinaremos los distintos tipos de blof para que aprenda a diferenciarlos.

Blofear en posición tardía con una mano inútil

Éste es el blof clásico de las películas. El jugador mide fuerzas con otra persona, o quizá con dos. Tiene una mano inútil. Tal vez sea un proyecto de escalera que no se materializó. A lo mejor es un proyecto fallido de color.

Si las manos se mostraran, usted sabe que de ninguna manera podría ganar. De modo que apuesta. "El que no arriesga, no gana", reza el dicho. Si alguien iguala su blof, usted pierde una apuesta que se habría ahorrado pasando. Pero pasar, desde luego, equivale a renunciar a la oportunidad de ganar el pozo.

RECUERDE

Los beneficios ocultos de ser atrapado

Blofear no funciona siempre. Los jugadores observadores siempre terminan por darse cuenta de que usted está blofeando. Y cuando esto ocurre, igualan sus buenas manos con más frecuencia que si les diera la impresión de que nunca intenta engañarlos.

Ése es uno de los beneficios del blof. No sólo logra apropiarse ocasionalmente del pozo, sino que además uno o dos blofs fallidos sirven de publicidad. Como resultado, un jugador que blofea de vez en cuando puede ganar más dinero también con sus buenas manos.

Si usted apuesta, siempre habrá la posibilidad de que ambos contrincantes se retiren. Si nadie le iguala la apuesta, usted se lleva todo el pozo. Supongamos que el pozo contiene 100 USD y el costo de apostar es 10 USD. Su blof no debe tener éxito todas las veces —ni siquiera la mayoría de las veces— para que sea una buena elección.

Si el blof fracasa en nueve ocasiones y tiene éxito sólo una vez de cada diez, aun así usted ganará a largo plazo. Habrá perdido 10 USD nueve veces, es decir 90 USD, pero ganará 100 USD en una ocasión, lo que equivale a una ganancia neta de 10 USD. Tal vez esa cifra no represente un beneficio espectacular, pero sirve para demostrar que los blofs sólo necesitan tener éxito de vez en cuando para que valgan la pena.

Blofear cuando todavía faltan cartas

Si se blofea cuando aún faltan cartas por repartir, por lo general existen dos maneras de ganar. El blof podría tener éxito por sus propios méritos, si un oponente retira la mejor mano. Además, usted podría recibir la carta que necesita en otra ronda de reparto y completar la mano ganadora.

Supongamos que está jugando Texas Hold'em y sube antes del _flop_ con K♥Q♥, y otros dos jugadores igualan. Supongamos que el _flop_ es J♣6♥4♥. Si apuesta en el _flop,_ tendrá varias maneras de ganarse este pozo. Sus adversarios podrían retirarse, y usted ganaría ahí mismo. Pero incluso si uno o ambos igualan, no le debe preocupar. Al fin y al cabo, cualquiera de los nueve corazones de la baraja le servirá para completar su color. Es más, cualquiera de los tres reyes o las tres reinas le dará una pareja probablemente superior a las manos de sus contrincantes. Por otra parte, hay tres dieces en la baraja (fuera del 10♥, que completa su color) que le darían un proyecto de escalera.

Hay muchas cartas buenas en la baraja, y su mano tiene mucho potencial. Si suma las posibilidades de formar la mejor mano en el *turn* o en el *river* con la posibilidad de que sus adversarios se retiren si usted apuesta, lo más probable es que usted se lleve el pozo de una u otra manera.

El blof y la posición

En la mayoría de los casos, actuar de último —después de haber tenido la oportunidad de ver qué hacen sus contrincantes— representa una gran ventaja. Pero cuando uno blofea, muchas veces es mejor actuar de primero.

Si su contrincante pasa y usted apuesta, probablemente se dará cuenta de que usted está tratando de aprovechar el hecho de que demostró debilidad. Como resultado, es probable que él iguale —o incluso que suba, si es un jugador muy agresivo— con manos marginales.

Pero apostar desde la primera posición transmite la idea de que uno tiene una mano fuerte. Al fin y al cabo, está apostando contra alguien que podría tener una mano muy buena. Su adversario, desde luego, se dará cuenta de eso y estará más dispuesto a retirar una mano marginal de lo que estaría si hubiera pasado y usted hubiera apostado (para más detalles sobre la posición, consulte el apartado dedicado a este tema en el 7 Card Stud, en el capítulo 3).

Blofear con más de un oponente

Las probabilidades en contra de que un blof tenga éxito aumentan significativamente en la medida en que se agreguen contrincantes a la ecuación. Cuantos más adversarios haya, más probable será que alguien iguale para impedir que usted se gane un pozo considerable a punta de blof.

Supongamos que usted se enfrenta a un solo oponente y calcula que su blof tendrá éxito un tercio de las veces. No es una mala probabilidad, sobre todo cuando el dinero en el pozo supera las probabilidades en contra de un blof exitoso. Supongamos que el pozo contiene 90 USD y el precio de una apuesta es 30 USD. Si esta situación se repitiera y su cálculo sobre el blof exitoso fuera correcto, apostaría 30 USD dos veces y perdería, pero la tercera vez ganaría 90 USD. A largo plazo, es una oportunidad de sacar un valor positivo.

¿Pero qué sucede si agrega un tercer jugador a la ecuación? Una vez más, usted calcula que sus probabilidades de lanzar con éxito un blof frente al jugador adicional son una de cada tres. La presencia de un tercer jugador aumentará el tamaño del pozo. Supongamos que éste contiene ahora 135 USD.

Aunque el tamaño del pozo ha aumentado en proporción aritmética, se podría argumentar que las probabilidades en contra de que su blof tenga éxito crecieron geométricamente.

Si bien el tamaño del pozo aumentó, por lo general no aumenta hasta el punto de contrarrestar las pocas probabilidades de blofear exitosamente contra dos adversarios.

Los blofs funcionan mejor contra un número reducido de contrincantes. Cuantos menos sean, mejor. Tres casi siempre son demasiados, e incluso utilizar un blof contra dos jugadores es arriesgado y difícil. Sin embargo, existe una excepción. Supongamos que ya no faltan más cartas por repartir. Si usted actúa de primero y se enfrenta a dos adversarios, puede blofear si cree que el jugador que actuará de último tenía un proyecto y perdió su mano.

Supongamos que está jugando Texas Hold'em y hay en el *flop* dos cartas del mismo palo. Si Felipe, el tercer contrincante, simplemente iguala en el *flop* y en el *turn*, es probable que haya tenido un proyecto de color que nunca se materializó. Si ése es el caso, es muy probable que retire la mano contra una apuesta en el *river*, incluso si sospecha que usted blofea. Al fin y al cabo, es posible que ni siquiera sea capaz de ganarle a un blof.

Pero Santiago, el jugador del medio, sí tiene motivos de preocupación. Si usted apuesta, él no sólo debe considerar si la mano suya es real, sino que debe ocuparse también del jugador a su izquierda. Incluso si el jugador del medio tiene una mano marginal — una de ésas en que le igualaría la apuesta si los dos estuvieran enfrentados en un mano a mano—, podría retirarla. Al fin y al cabo, a Santiago le preocupan dos cosas: su mano podría ser más fuerte que la suya, y el tercer jugador también podría tener una mano mejor.

Cuando su oponente en el medio es un buen jugador —lo bastante bueno como para retirar una mano marginal en vez de empecinarse en igualar—, usted podría utilizar la amenaza implícita del tercer adversario para forzar al jugador del medio a que renuncie a su mano.

Estrategias para blofear

La práctica del blof es un asunto complejo. Es imposible saber a ciencia cierta si le van a igualar la apuesta o si podrá apropiarse el pozo delante de las narices de su rival. La próxima vez que quiera cometer un atraco en la mesa de póquer, tenga en cuenta las siguientes recomendaciones:

✔ **Saber frente a cuántos jugadores tendrá que blofear.** Si bien es posible recurrir al blof con uno o dos jugadores, no se le ocurra hacerlo con más personas a menos que tenga razones válidas para creer que tendrá éxito.

✔ **Entender que un blof no debe tener éxito para que sea la decisión correcta.** Al fin y al cabo, por lo general sólo estará arriesgando una apuesta para llevarse un pozo repleto de ellas. El blof tiene que funcionar sólo parte del tiempo para que sea la opción correcta. E incluso cuando lo atrapen, el blof puede ser exitoso si conduce a los otros a igualar cuando usted está apostando con una mano fuerte.

✔ **Evitar a los jugadores que blofean pero no son expertos.** Dirija mejor sus blofs a los buenos rivales. Los malos jugadores por lo general igualarán, dándole a usted crédito, mientras que es más probable que los expertos perciban sus argucias.

✔ **No blofear por el simple hecho de hacerlo.** Si cree que tiene posibilidades de triunfar, blofee. De lo contrario, absténgase. Obtendrá mucha publicidad porque sus rivales creerán algunos de sus blofs, independientemente de que sepa evaluar bien sus posibilidades de éxito.

✔ **No blofear con una mano inútil cuando falten cartas por repartir.** Más bien, piense en un semiblof, que le permitirá llevarse el pozo de dos maneras: sus oponentes podrían retirarse, o usted podría completar su proyecto (vea la sección "Blofear cuando todavía faltan cartas", en este capítulo).

✔ **Aprovechar la oportunidad de blofear si todos sus adversarios pasan en la ronda previa de apuestas.** Es incluso mejor si todos han pasado en una ronda de apuestas costosa. Pero sus posibilidades disminuyen si parece que una o varias cartas recién expuestas le han ayudado a uno de sus adversarios.

✔ **Implicar manos específicas.** Los blofs que parecen representar manos específicas, como un color o una escalera, tienen muchas más posibilidades de tener éxito que las apuestas que parecen salir de la nada.

✔ **Concentrarse en los jugadores débiles.** Es mucho más fácil blofear con jugadores que han demostrado debilidad pasando, que hacerlo con los que han demostrado fortaleza al apostar en la ronda anterior.

✔ **Dar imagen de jugador selectivo y agresivo jugando el tipo de manos iniciales que se recomienda en este libro.** Este tipo de imagen ofrece muchas más posibilidades que cuando blofea un jugador a quien se percibe como poco selectivo. Si a usted lo ven como un jugador selectivo y agresivo, cuando apueste, nadie sospechará. Si le dan licencia para robar, apro- véchela.

✔ **Intentar ocasionalmente blofear cuando todas las cartas ya se repartieron y usted no tiene nada, pero no hacerlo con mucha frecuencia.** En caso de que tenga cómo ganar, intente me- jor hacerlo en una confrontación.

Capítulo 7

Administración del dinero y mantenimiento de registros

● ●

En este capítulo

▶ Entender qué es la administración del dinero

▶ Saber la verdad sobre la administración del dinero

▶ Comprender la importancia de llevar cuentas

▶ Utilizar la desviación estándar para analizar sus resultados en el póquer

▶ Calcular su tolerancia al riesgo

▶ Minimizar las fluctuaciones en una partida de póquer

▶ Determinar qué tan grande debe ser una banca de póquer

▶ Descubrir cómo mantienen su banca los jugadores profesionales

▶ Avanzar más

● ●

*L*os viejos paradigmas nunca mueren, y algunos ni siquiera se van desvaneciendo. Por ejemplo, hubo una época en la que la gente creía que la Tierra era plana y el Sol giraba alrededor de ella. Es más, todavía hay gente que "toca madera", silba al pasar cerca de un cementerio, evita caminar por debajo de una escalera, cree que los gatos negros traen mala suerte y espera con paciencia la siguiente convergencia armónica. Otras personas —en especial los jugadores de póquer— viven prendadas del concepto de la administración del dinero.

¿Qué es la administración del dinero?

La administración del dinero es uno de esos conceptos que ha debido morir hace mucho pero sobrevivió, y todavía permea la literatura sobre las apuestas. Parte de la definición, la parte positiva, se basa en el conocido adagio, "mejor retirarse cuando se está ganando". Después de ganar una cantidad predeterminada, levántese y abandone el juego un poco más rico y feliz que cuando llegó.

En cuanto al lado negativo, en una sesión no debe perder más de una cantidad predeterminada (un *límite de pérdidas*) — vea la sección "¿Debe retirarse cuando está ganando?", más adelante en este capítulo). Cuando haya alcanzado su límite monetario, es hora de retirarse. "Renuncie y váyase a casa", dicen los expertos en administración de dinero. "No lo va a recuperar ahora. Vuelva mañana. La suerte no le sonrió y es mejor no ahondar las pérdidas".

¿Tiene sentido la administración del dinero?

Considere las siguientes preguntas:

✔ ¿Tiene sentido seguir un plan de administración de dinero?

✔ ¿Es correcto retirarse cuando está ganando?

✔ ¿Debe retirarse cuando ha perdido una cantidad predeterminada?

✔ Si se retira cuando está ganando y también cuando está perdiendo, ¿debe jugar únicamente cuando sus resultados se acerquen a su límite de pérdidas, si ha tenido un mal día, o a su límite de ganancias, si ha tenido un día afortunado?

Incluso quienes defienden el tema de la administración del dinero suelen convenir que, teóricamente, una partida de póquer nunca termina (por lo menos en los clubes de cartas), y es igual si uno juega cuatro horas hoy y cuatro horas mañana que si juega ocho horas hoy. Si eso es así, ¿qué lógica sustenta las teorías de la administración del dinero?

¿Debe retirarse cuando está ganando?

Si decide retirarse cuando está ganando, dicen los defensores de esta teoría, podrá retirar del juego su beneficio y no devolver dinero que ya ganó. Pero viéndolo bien, esto sólo tiene sentido si uno decide abandonar el póquer para siempre. Si uno sabe que nunca más va a volver a jugar y va ganando en la partida de hoy, el hecho de retirarse sí le permite embolsarse permanentemente las ganancias del día.

Pero si se retira como ganador hoy y pierde mañana, ¿estará peor que si simplemente siguiera jugando y perdiera lo que había ganado antes en esa misma sesión? La respuesta, desde luego, es "no". No estará peor; simplemente tuvo esa ganancia en su poder durante unas horas más.

Si es tan sólo un jugador ocasional, quizás lo más sabio sea retirarse cuando esté ganando, pues así tendrá dinero extra para gastar.

¿Debe retirarse cuando alcance su límite de pérdidas?

Retírese del juego si está perdiendo. Pregúntese si planea jugar mañana, o incluso si planea jugar la semana siguiente. Si responde afirmativamente, pregúntese si cree poder ganar. Si planea jugar de nuevo y cree que puede ganar, ¿existe en verdad una diferencia entre retirarse ahora o seguir jugando?

Si juega regularmente a algo en lo que no suele ganar, lo más seguro es que pierda dinero y en tal caso no importa si practica la administración del dinero o no. Sin embargo, si tiende a ganar, tiene sentido jugar, ya sea que esté ganando o perdiendo en un momento determinado.

La verdad acerca de la administración del dinero

La siguiente es la única faceta verdadera de la administración del dinero: si la partida es buena y usted tiende a ganar, lo mejor es que siga jugando. Si la partida es mala y usted tiende a perder, ¡retírese! No importa si está ganando o perdiendo.

Desde luego, una partida puede ser fabulosa y usted no ha estado ganando por diversas razones que nada tienen que ver con la habilidad. Tal vez esté cansado; quizás se siente mal porque discutió con su cónyuge, sus hijos o su jefe; a lo mejor está enfermo y esto ha menguado su capacidad de concentración; o tal vez esté estresado por el trabajo, o existe cualquier otra razón que lo distraiga del juego.

Ahorrará mucho dinero si sigue esta sencilla regla: si no está en condiciones óptimas para jugar, váyase a casa. Si se retira de la partida, el póquer todavía estará ahí al día siguiente; pero si se queda demasiado tiempo, es posible que su dinero se esfume.

Tener una expectativa positiva

Considere lo siguiente: las apuestas exitosas se basan en su capacidad de involucrarse en situaciones en las que tiene una expectativa positiva. Por eso no hay jugadores profesionales de ruleta o de juegos de azar. A largo plazo, no existe posibilidad de ganar cuando las probabilidades no le favorecen. Cualquier jugador de póquer con una mediana habilidad encontrará partidas en las que tenga probabilidades de ganar. Aunque los buenos jugadores a veces pierden, en el recuento final prevalecen las ganancias.

Selección de partidas y administración del dinero

Uno de los conceptos claves para ganar en cualquier modalidad de póquer es la selección de las partidas. Entonces, ¿por qué retirarse de una buena partida

Consejos útiles en torno a las apuestas

Presentamos tres consejos que vale la pena tener en cuenta en lo que respecta a las apuestas:

✔ **Tómese un descanso si siente que está perdiendo el control emocional.** Tener una mala racha puede empujarlo a hacer tonterías en un intento por recuperar de inmediato las pérdidas. Si siente este impulso, descanse diez minutos y recobre la calma.

✔ **Juegue con apuestas que lo hagan sentir a gusto.** Cerciórese de que las apuestas son apropiadas **para su nivel de habilidad.** A medida que vaya participando en partidas con apuestas más altas, aumentarán rápidamente las posibilidades de perder dinero.

✔ **Cerciórese de poder darse el lujo de perder.** Nadie quiere perder, pero en el póquer eso es algo inevitable. Procure limitar siempre sus pérdidas a una cantidad razonable. No permita que una partida de póquer domine su vida ni apueste el dinero reservado a la hipoteca o a pagar las facturas.

simplemente porque ha ganado o perdido una cantidad determinada arbitrariamente? Si ha sufrido varias *derrotas duras* (manos en las que usted iba ganando hasta que a alguien le salió una carta milagrosa) y nada parece estar funcionando bien, quizá le convenga retirarse aunque el juego sea bueno.

Retirarse está bien en ese caso, pero sólo si no puede estar seguro de que continuará haciendo el máximo despliegue de sus habilidades.

Nunca renuncie sólo porque alcanzó un límite predeterminado de pérdidas.

¿Y si la partida es buena y usted ha ganado 1,000 USD? ¿De verdad debe retirarse cuando está ganando? Si la partida es buena y no tiene otros compromisos apremiantes, ¿por qué no seguir jugando? Al fin y al cabo está ganando. Es probable que siga ganando aún más.

Pero ya sea que gane o que pierda de ahí en adelante, los resultados futuros siempre serán inciertos, no importa que siga jugando o se retire y regrese al día siguiente. La partida continúa, y los segmentos de tiempo en los que usted no está jugando son tan sólo mediciones arbitrarias.

La importancia de llevar cuentas

Si no lleva cuentas, ¿cómo sabrá si está teniendo éxito? Si no lleva bien las cuentas, nunca sabrá si es un buen jugador. Muchos jugadores de póquer —incluso los buenos— no llevan cuentas precisas.

Si piensa acometer con seriedad el póquer, aborde el juego como si fuera un negocio o una profesión. En todo negocio hay libros de cuentas. Sin ellos, el dueño no sabría cuánto cuesta fabricar, vender o mantener en inventario un producto, y no sabría si registra ganancias o pérdidas.

Quizá resulte más fácil para la mayoría de los jugadores que no llevan cuentas evitar enterarse de la verdad. Pero si planea ganar dinero con el juego, tiene que ser consciente de los resultados que está obteniendo.

Por fortuna, las cuentas que debe llevar como jugador de póquer son mucho más sencillas que las que llevan los dueños de un negocio.

¿Qué tipo de cuentas debo llevar?

Todo jugador de póquer debe tener en cuenta dos mediciones estadísticas esenciales:

✔ La **tasa de ganancias** indica cuánto dinero está ganando —o perdiendo— por cada hora de juego.

✔ La **desviación estándar** mide las fluctuaciones a corto plazo. Esta tasa mide las diferencias con respecto a un parámetro... o a la suerte. La buena o la mala suerte; en esta ecuación, no hay diferencia entre una u otra.

Cómo llevar cuentas

No es necesario ser contable para llevar este tipo de registros. De hecho, lo puede hacer recurriendo únicamente a sus conocimientos de aritmética básica. Es muy sencillo. La próxima vez que juegue al póquer, lleve una pequeña libreta y anote en ella la cantidad de dinero que invierte al entrar en la partida. Luego, vaya anotando la siguiente información, cada hora:

✔ Cantidad ganada o perdida durante la hora que acaba de pasar.

✔ La partida en la que está participando (por ejemplo, Texas Hold'em 2 USD-4 USD).

✔ El total de horas de juego en esa sesión.

Cuando llegue a casa, añada esa información a su registro de las sesiones previas, con el fin de acumular estadísticas y también información sobre cómo le va cada vez que juega.

Calcule:

✔ La cantidad de dinero que ganó o perdió durante el año.

✔ El total de horas que jugó durante el año.

Mantener las cuentas al día

Una de las dificultades psicológicas de llevar cuentas es mantenerlas al día. Después de una pérdida severa, es difícil registrarla en la libreta y tenerla que recordar cada vez que mire sus anotaciones. Sin embargo, si no lleva cuentas se estará engañando a sí mismo con respecto a los resultados que obtuvo en la mesa.

Si está jugando sólo para divertirse y no le importa si gana o pierde, no es necesario que lleve cuentas. Pero si es un jugador ganador o aspira a convertirse en uno, debe registrar y analizar sus resultados.

Cómo calcular la tasa de ganancias

Es muy fácil calcular la tasa de ganancias o pérdidas: divida la cantidad de dinero que ganó o perdió por la cantidad de horas que ha jugado.

Este cálculo le indica la cantidad promedio que ganó o perdió por hora jugada. En terminología estadística, esa cifra se denomina *media*. Si participa en juegos diferentes, conviene llevar cuentas separadas para cada variedad (para determinar si le va mejor en Texas Hold'em u Omaha, por ejemplo), así como una cuenta general.

No todos los promedios son iguales

Es importante saber cuánto está ganando o perdiendo por hora. Pero también es importante saber si la media es representativa. En otras palabras, ¿la media es un buen indicador de los datos que representa?

Si este concepto le parece confuso, veamos un ejemplo para aclarar las cosas. Supongamos que las ciudades de San Francisco y Omaha tienen, ambas, una temperatura anual promedio de 18°C. Sin embargo, en San Francisco la temperatura nunca es demasiado caliente ni demasiado fría, mientras que en Omaha hace mucho calor en el verano y mucho frío en el invierno. Aunque la temperatura media es igual para ambas ciudades, hay una mayor variabilidad en Omaha que en San Francisco. La temperatura promedio de 18°C en San Francisco es más representativa porque probablemente se acerca más a la temperatura real la mayoría de los días que la temperatura media de Omaha.

En el póquer, dos jugadores podrían ganar un promedio de 15 USD por hora. Uno de ellos podría ser muy agresivo y embolsarse grandes sumas de dinero algunos días; otros días perdería bastante. El otro jugador, más conservador, podría tener días de ganancias más modestas y también días de pérdidas más moderadas. Sin embargo, los dos jugadores podrían tener el mismo promedio.

El jugador que puede lograr esa tasa de ganancias poniendo en riesgo menos dinero está en mejor posición. Para medir estas fluctuaciones es preciso saber más acerca de los *valores observados* (la cantidad que ganó o perdió cada hora y que registró en su libreta) usados para calcular las ganancias o pérdidas promedio. Una vez sepa eso, podrá medir fácilmente si la media representa bien esos valores. Esa medida ayuda a describir la media, y ahí es donde interviene la desviación estándar.

La desviación estándar en términos sencillos

Si nunca ha tomado clases de estadística, el término *desviación estándar* quizá lo asuste o le parezca un mal augurio. No se deje amedrentar, pues está a punto de aprender una manera muy fácil de calcular su desviación estándar. Al fin y al cabo, la desviación estándar es simplemente una manera de indicar la cantidad en la que todos los valores se desvían, o varían, con respecto a la media.

Piense en la desviación estándar como si fuera un adjetivo que modifica a un sustantivo (su tasa de ganancias por hora).

Veamos un ejemplo: "Ella lleva un vestido". Vestido, desde luego, es el sustantivo. Puede modificar esa oración agregando cualquiera de los siguientes adjetivos: "Ella lleva un vestido (azul, serio, audaz, horrible). ¿Sí ve cómo el hecho de sustituir un adjetivo por otro cambia radicalmente el significado de la oración? Lo mismo sucede con la relación entre la desviación estándar y la media.

Antes de que empecemos a jugar con ejemplos, piense en su estilo para jugar al póquer y determine si es el tipo de persona que alienta o desalienta las fluctuaciones dramáticas. En otras palabras, ¿es usted un tahúr?

¿Por lo general fluctúa mucho de sesión a sesión y se siente a gusto con eso? No hay una respuesta correcta o incorrecta. Cada jugador tiene un nivel inherente de riesgo que está dispuesto a tolerar. Al monitorizar sus desviaciones estándar, así como la cantidad promedio que ganan por hora, los jugadores pueden reducir ligeramente sus ganancias promedio por hora al tiempo que disminuyen sustancialmente las fluctuaciones.

Cómo funciona la desviación estándar

Si no hubiera ninguna fluctuación (o *dispersión*) en un grupo (o *distribución*) de valores observados, todos los valores serían iguales. Ningún valor observado se desviaría de la media. Si, por ejemplo, la temperatura fuera de exactamente 22°C durante seis días seguidos, la temperatura media sería de 22°C para ese período y no habría variaciones entre alta y baja. Los valores observados por lo general se desvían de la media, algunos ligeramente y otros bastante.

¿Cuál de esta serie de valores pensaría usted que tiene una desviación estándar más grande?

Columna A	*Columna B*
(Media = 36)	*(Media = 116)*
6	111
24	114
37	117
49	118
64	120

(La respuesta correcta es la columna A, y le mostraremos por qué.)

Calcular la desviación estándar

Los valores en la columna A están más dispersos (se desvían más de la media) que los de la columna B, de modo que podemos esperar que la desviación estándar sea más grande en la columna A. Veamos cómo funciona:

Columna A		*Columna B*	
Valor	Desviación con respecto a 36	Valor	Desviación con respecto a 116
6	-30	111	-5
24	-12	114	-2
37	+1	117	+1
49	+13	118	+2
64	+28	120	+4

(Cada dato de la columna "Desviación con respecto a…" indica la diferencia entre el valor y la media.)

No podemos tomar simplemente un promedio (media aritmética) de la desviación porque siempre sumará cero; las desviaciones negativas cancelan las positivas. Para superar esta dificultad, es preciso *elevar al cuadrado* cada desviación, multiplicándola por sí misma. Esto elimina el signo menos (negativo), porque un negativo multiplicado por un negativo da un positivo.

Así pues, para la columna B tenemos:

Desviación	*Desviación elevada al cuadrado*
-5	25
-2	4
+1	1
+2	4
+4	16

La media de las desviaciones elevadas al cuadrado se llama *varianza*:

$$\text{Varianza} = \frac{25 + 4 + 1 + 4 + 16}{5} = \frac{50}{5} = 10$$

La varianza es una medida con usos propios. Sin embargo, presenta grandes desventajas para los usos cotidianos: si los valores originales estuvieran en dólares (como podría ser el caso en un juego de póquer), ¡la varianza estaría en *dólares elevados al cuadrado*!

Para reconvertir esos "dólares elevados al cuadrado" (teóricos pero poco prácticos) en dólares corrientes, es preciso tomar la raíz cuadrada de la varianza. Este resultado es la desviación estándar.

La desviación estándar de la distribución que se muestra arriba es igual a 3.16228 (si se multiplica 3.16228 por sí mismo, se obtiene 10).

Los mismos cálculos para la distribución en la columna A dan una varianza de 399.6 y una desviación estándar de 19.99.

Si no tiene una calculadora a la mano, la tabla 7-1 muestra algunas raíces cuadradas (tendrá que calcular un poco para encontrar respuestas precisas para los números que no aparecen en la tabla).

Tabla 7-1		Raíces cuadradas			
Número	*Raíz cuadrada*	*Número*	*Raíz cuadrada*	*Número*	*Raíz cuadrada*
1	1.00	14	3.74	90	9.49
2	1.41	15	3.87	100	10.00
3	1.73	16	4.00	110	10.49
4	2.00	17	4.12	120	10.95
5	2.24	18	4.24	130	11.40
6	2.45	19	4.36	140	11.83
7	2.65	20	4.47	150	12.25
8	2.83	30	5.48	160	12.65
9	3.00	40	6.32	170	13.04
10	3.16	50	7.07	180	13.42
11	3.32	60	7.75	190	13.78
12	3.46	70	8.37	200	14.14
13	3.61	80	8.94	300	17.32

Cálculos más fáciles

Ahora que entiende el proceso para calcular una desviación estándar, veamos cómo simplificar los cálculos. Consiga una calculadora de bolsillo que tenga funciones estadísticas. Mejor aún, utilice alguno de los populares programas de hoja de cálculo de las computadoras para guardar sus datos. Si lo ajusta bien, sólo tendrá que introducir sus ganancias o pérdidas por hora. Luego puede usar las capacidades estadísticas del programa para calcular de forma acumulativa sus resultados promedio por hora (la media) y la desviación estándar.

Usar la desviación estándar para analizar sus resultados en el póquer

Cuando empiece a analizar sus resultados en el póquer, verá que en realidad está tratando de elevar al máximo sus ganancias por hora al tiempo que minimiza su desviación estándar. En otras palabras, la idea es ganar lo máximo posible al tiempo que somete su banca al menor número de fluctuaciones posible.

Esta situación, desde luego, plantea un gran interrogante. Si escoge asumir los riesgos necesarios para

En el filo de la navaja: ¿cuál es su tolerancia al riesgo?

Desde un punto de vista estadístico, cuando vive en el filo de la navaja va en camino contrario a minimizar su desviación estándar. Debido a esto, debe conocer su tolerancia al riesgo y qué fracción de su banca está dispuesto a arriesgar con el fin de obtener algunas ganancias marginales. Si no se siente a gusto con cierto nivel de riesgo, o está jugando con una banca demasiado pequeña, o le convendría más minimizar su desviación estándar que tratar de elevar sus ganancias.

elevar al máximo sus ganancias —como obtener todas esas apuestas extra cuando cree tener la mejor mano—, también tenderá a incrementar las fluctuaciones de su banca simplemente porque no siempre va a ganar en todas esas situaciones marginales.

De hecho, como se trata de acciones arriesgadas, es probable que pierda muchas de esas confrontaciones. Asumámoslo: cuando usted completa un *full* u otra mano fabulosa, nunca es arriesgado. Conviene que sus oponentes metan el máximo posible de dinero en el pozo, porque usted va a ganar la mayoría de esas manos.

Sin embargo, cuando camina en el filo de la navaja, lo más probable es que pierda casi el mismo número de manos que gane. Desde luego, usted espera ganar más de lo que pierde, con el fin de elevar al máximo sus ganancias, pero sin duda sufrirá fluctuaciones.

Cómo reducir las fluctuaciones en una partida de póquer

Al evitar las situaciones marginales que exigen que usted invierta dinero adicional en el pozo cuando existe un riesgo alto, podrá jugar con una banca más pequeña. Si es un jugador ganador, con el tiempo llegará a ganar la misma cantidad de dinero. Simplemente le tomará más tiempo alcanzar sus metas.

No hay una manera correcta o incorrecta de arriesgar el dinero en una partida de póquer. Algunas personas se sienten a gusto con un alto nivel de riesgo y tienen una banca apta para afrontar las fluctuaciones que inevitablemente acompañan este tipo de juego.

Otras personas no se sienten a gusto con un riesgo alto. De hecho, a menudo escuchará jugadores lamentándose de estar en una mesa llena de oponentes débiles que igualan con excesiva frecuencia. "Ojalá hubiera dos o tres buenos jugadores en la mesa", dirán, "porque le dan más estabilidad al juego y mis manos buenas tienden a sostenerse".

Desde una perspectiva estadística, en este comentario se nota que claman por una desviación estándar más pequeña, junto con una expresión de la voluntad de aceptar la tasa de ganancias ligeramente más pequeña que la acompaña. Incluso sin saber mucho de estadística, estos jugadores han aprendido que cuando uno opera en el filo de la navaja, el precio que paga por una tasa de ganancias mayor suele ser un aumento bastante más grande en las fluctuaciones que se pueden esperar.

A medida que la tasa de ganancias aumenta marginalmente, la desviación estándar tiende a fluctuar dramáticamente.

¿Esto qué significa para usted como jugador? ¿Vive en el filo de la navaja o busca seguridad? Siempre y cuando pueda darse el lujo de jugar esa partida en la que está participando, esto es un asunto de preferencia personal. Recuerde:

✔ Sólo usted puede decidir con qué nivel de incertidumbre se siente a gusto.

✔ Si elige aprovechar cualquier ventaja, por pequeña que sea, puede anticipar fluctuaciones bastante mayores que las que tendría si estuviera dispuesto a cambiar esa tasa de ganancias por más estabilidad.

✔ Si elige elevar al máximo su tasa de ganancias, necesitará una banca más grande para jugar.

¿A cuánto debe ascender su banca?

¿Qué banca necesita para aguantar una mala racha de cartas y asegurarse de no quedar en quiebra? Esta pregunta surge una y otra vez en las conversaciones entre los jugadores de póquer.

Aunque éste es un tema complejo que no se puede resolver mediante la aplicación de una regla o una fórmula, sí hay un factor seguro: si usted no es un jugador ganador, su banca nunca será bastante grande. Para eliminar las posibilidades de ir a la quiebra, los perdedores necesitan una banca lo bastante grande como para superar su esperanza de vida. Si no la tienen, tendrán que inyectarle regularmente nuevos fondos.

Una buena regla para tener una banca confiable son trescientas apuestas. Si una banca de 6,000 USD para jugar Texas Hold'em 10 USD-20 USD le parece una cifra escandalosamente alta, le recomendamos leer *Gambling Theory and other Topics,* de Mason Malmuth. Es un libro que desentraña muy bien las realidades estadísticas que rodean el póquer. Descubrirá cómo los altibajos de la fortuna pueden producir resultados extremos en el corto plazo, e incluso 6,000 USD puede ser un cálculo conservador para este juego.

RECUERDE

Consejos finales sobre la administración de fondos

He aquí lo esencial sobre la administración del dinero. Parafraseando al poeta John Keates, "esto es todo lo que sabe, y todo lo que necesita saber":

✔ El hecho de retirarse cuando haya ganado cierta cantidad de dinero no detendrá sus pérdidas a largo plazo si usted es un jugador perdedor, ni protegerá sus beneficios si es un ganador.

✔ Los malos jugadores perderán dinero hagan lo que hagan. Los buenos jugadores establecen una tasa de ganancias esperada por hora, ya sea que se retiren o no después de haberse embolsado una cierta cantidad de dinero.

✔ Jugar menos horas retirándose cuando esté ganando no siempre es la mejor estrategia.

✔ Si está participando en una buena partida y está jugando óptimamente, siga en ella a menos que tenga otras obligaciones.

✔ Si está participando en una mala partida, retírese ya: no importa si está ganando o no.

✔ Si está perturbado emocionalmente, estresado, con gripe o bajo alguna otra circunstancia que afecte a su concentración, es mejor que no juegue pues corre el riesgo de que sus males les pasen la factura a sus fondos.

Pero trescientas apuestas grandes no bastan. Si usted fuera un jugador sobresaliente en una partida corriente compuesta por jugadores terriblemente pasivos (que casi nunca aumentan pero siempre igualan hasta que se disipa cualquier esperanza, por pequeña que sea), estamos seguros de que podría jugar con una banca mucho más pequeña sin correr el riesgo de quebrar. Pero pocos hemos tenido la suerte de participar en una partida repleta de jugadores tan malos.

Incluso cuando usted es el favorito en su juego, probablemente no disfruta de tan aplastante superioridad. Veamos algunos consejos:

- ✔ Si sus contrincantes son, en general, buenos jugadores, probablemente necesitará más de trescientas apuestas grandes para protegerse de la quiebra.

- ✔ Pero para el jugador profesional promedio —la persona que juega todos los días tratando de ganar entre una y una y media apuestas grandes por hora—, la norma convencional de trescientas apuestas grandes para la banca tiene sentido.

Parte III
Computadoras, casinos y salas de juego

The 5th Wave — Rich Tennant

"JOTO O MEJOR PARA ABRIR Y LA CARTA MÁS BAJA EN CADA MANO VA A SER EL COMODÍN... HASTA QUE ENTRE MAMÁ, Y ENTONCES ESTAMOS JUGANDO 'AL BURRO', ¿DE ACUERDO?"

En esta parte...

El póquer se puede jugar en muchos lugares, no sólo en el cuarto trasero lleno de humo de la casa de su mejor amigo. La gente juega con rivales generados por computadora y, mejor aún, con oponentes de carne y hueso conectados a Internet que viven en cualquier parte del mundo. En esta parte abordaremos estos temas y también le diremos qué sucede en los torneos de póquer, incluidas las Series Mundiales y el EPT (circuito europeo de póquer).

Capítulo 8

Torneos de póquer

- -

En este capítulo

▶ Examinar los fundamentos de los torneos de póquer

▶ Entender las ciegas y la estructura de apuestas

▶ Evitar los errores que se cometen en los torneos

▶ Descubrir estrategias ganadoras

▶ Negociar un trato en la mesa final

- -

*L*os torneos de póquer brindan la oportunidad de invertir sumas relativamente pequeñas de dinero y de obtener a cambio un buen beneficio. La popularidad de los torneos ha ido en aumento. El más importante son las Series Mundiales de Póquer que se celebran en Las Vegas.

Aunque no podemos darle todos los secretos para ganar un torneo mundial (ambos aún autores soñamos con lograrlo algún día), este capítulo examina algunos de los fundamentos de los torneos y ofrece consejos prácticos.

Para convertirse en un jugador sobresaliente y apuntarle al campeonato mundial, se requiere experiencia. Así pues, conviene participar en varios torneos menores antes de invertir los 10,000 USD que cuesta la inscripción al torneo mundial. A propósito, si logra llegar allí y gana, ¡no se le olvide darnos las gracias por haberle iniciado en el juego! (los autores agradecerán cualquier reconocimiento verbal o monetario).

¿Para qué participar en torneos?

Se nos ocurren bastantes razones, probablemente tantas como el número de jugadores que participan en ellos. Los torneos de póquer son emocionantes, lucrativos y muy valiosos para adquirir experiencia. A continuación presentamos algunas razones por las que vale la pena participar en torneos.

La emoción de la victoria

Ante todo, los torneos son divertidos. ¡Nada como la emoción de competir para activar la adrenalina! Desde luego, es agradable jugar por dinero y marcharse con los beneficios al final del día. Es un sentimiento fabuloso llenar los bolsillos con las ganancias y vivir —aunque sea sólo durante un momento— ese famoso diálogo de *El color del dinero*, de Walter Tevis. "El dinero ganado en el juego", dice Fast Eddie, el personaje interpretado por Paul Newman, cuando le revela una verdad eterna a Tom Cruise, "es dos veces más dulce que el dinero ganado con sudor".

Aprendizaje barato de nuevos juegos

Aparte de la emoción de competir y del factor de diversión, los torneos son una excelente manera de aprender nuevas variantes del juego, por la siguiente razón: el juego que usted quiere aprender podría no ofrecerse dentro de los límites de apuestas que le resultan cómodos. De hecho, es posible que en los casinos pequeños ni siquiera lo jueguen. Sin los torneos, ¿cómo podrá aprender Omaha Hi/Lo o 7 Card Stud en un casino que apenas tiene espacio suficiente para unas pocas mesas de Texas Hold'em?

Si participa en torneos con una cuota baja de inscripción, podrá jugar bastante por poco dinero. Podría jugar dos o tres horas de Razz (la variante baja del 7 Card Stud) por una cuota de entrada de unos 20 USD. Ese tiempo no basta para que aprenda a dominar el juego, pero sí será suficiente para que decida si le atrae (para mayor información sobre cuotas de entrada, vea la sección "Cuotas de inscripción y tarifas" en este capítulo).

Los torneos pueden ser una excelente herramienta de aprendizaje porque la inversión se limita al importe de la cuota de inscripción; y si no se tiene que preocupar por la acumulación de pérdidas, podrá dedicarse al simple aprendizaje del póquer.

El juego es "puro"

Cuando participa en un torneo, no sólo los costos son fijos sino que el juego es algo más puro que en una partida por dinero. En los torneos, muchos tienden a jugar ciñéndose estrictamente a las reglas, pues saben que cuando pierdan el valor correspondiente a la cuota de inscripción, *finito*, se acabó, por lo menos en lo que concierne a ese evento. Como siguen fielmente las reglas, es más fácil para los jugadores novatos ver cómo funciona la teoría en la práctica. En comparación, en un juego por dinero la manera correcta de jugar a menudo se ve desvirtuada por alguien con una banca ilimitada y deseos de apostar a lo grande.

Se compite con campeones

Finalmente, los torneos le ofrecen la oportunidad de competir con algunos de los mejores jugadores del mundo. No es probable que los jugadores de talla mundial —esas leyendas sobre quienes quizás ha leído en las revistas especializadas— se inscriban en los pequeños torneos con cuota de entrada de 25 USD, pero sí los encontrará en los torneos con cuota de 1,000 USD.

Nada mejor para reforzar la confianza de un novato que sentarse a una mesa con un rival famoso y descubrir que ese jugador afronta los mismos retos que él.

Es más, a lo mejor tiene suerte, le sale la carta que necesita y saca del torneo a uno de estos grandes nombres. Así podrá mostrarles a sus amigos en una revista la foto del tipo, y decirles: "No era tan bueno. ¡Lo eliminé cuando completé un *full* en el *river* y desbaraté ese patético color que él tenía!"

Fundamentos de los torneos de póquer

Hay torneos de todo tipo y tamaño. Pueden ser de Texas Hold'em, 7 Card Stud, Omaha u otros juegos menos populares. A continuación presentamos información esencial sobre los costos, la estructura de las apuestas y el total (*pool*) de premios.

Cuotas de inscripción y tarifas

Para participar en un torneo es preciso pagar una inscripción, que se denomina *cuota de entrada*. La cuota de entrada compra un puesto en el torneo, en el que cada jugador recibe la misma cantidad de fichas para empezar. La tarifa puede fluctuar entre una pequeña cantidad (100 USD o su equivalente en euros es una cifra usual) y una suma apreciable (10,000 USD para el Campeonato Mundial).

Algunos torneos tienen una estructura según la cual, una vez que uno ha perdido las fichas que tiene al frente, sale de la partida. Otros son *torneos de recompra*, en los que se pueden comprar más fichas (aparte de la cuota de entrada) durante un período de tiempo determinado, que por lo general es la primera hora o las primeras dos horas de juego o los primeros límites de las apuestas.

Estructuras de las apuestas

En los torneos típicos, la estructura de las apuestas empieza con límites de 15-30 o 25-50 (la moneda depende de dónde se disputa el torneo). Luego, los límites de las apuestas aumentan regularmente, ya sea cada 30 minutos, cada 45 minutos o cada hora. El incremento en las apuestas suele ser el doble de la apuesta de la primera ronda.

En los juegos con *flop*, como el Texas Hold'em y el Omaha, dos jugadores tienen que poner una determinada cantidad de dinero antes de que se repartan las cartas (estas apuestas se denominan *ciega pequeña* y *ciega grande*). Las ciegas las suelen poner las dos personas a la izquierda del lugar en donde está el botón (el botón se desplaza en cada mano en el sentido de las agujas del reloj). El valor de las apuestas ciegas sube cada vez que aumentan las rondas de apuestas. Así pues, incluso si usted nunca juega una mano, las ciegas finalmente acabarán con su montoncito de fichas.

En algunos torneos se aplican reglas sin límite del pozo o con límite del pozo:

✔ **Torneos sin límite del pozo:** En estos torneos, los jugadores pueden apostar cualquier cantidad de dinero que tengan al frente.

✔ **Torneos con límite del pozo:** En estos casos, al jugador se le permite apostar una cantidad igual a la del pozo.

La bolsa de premios

El total de premios (también llamado *pool*) en los torneos depende de la tarifa de ingreso y del número de jugadores. Cuanto más grande sea el total de dinero disponible para dividir, más oportunidades tendrá de terminar con ganancias.

Por ejemplo, en un torneo con una cuota de entrada de 500 USD y 400 participantes, es posible que los 18 mejores ganen dinero. La tabla 8-1 muestra una división representativa en un torneo así (aunque la división exacta varía según el caso).

Tabla 8-1	División de las ganancias (cuota de ingreso 500 USD, 400 participantes)	
Puesto	**Porcentaje del pool**	**Importe en dólares**
1º	40%	80,000
2º	20%	40,000
3º	10%	20,000
4º	6%	12,000
5º	4.5%	9,000
6º	3.5%	7,000
7º	2.5%	5,000
8º	2%	4,000
9º	1.6%	3,200
10º - 12º	1.2%	2,400
13º - 15º	1.1%	2,200
16º - 18º	1.0%	2,000

Así pues, si tiene la suerte de quedar en el primer lugar, ¡ganará 80,000 USD!

Ese gran premio es la razón por la cual los torneos se han popularizado tanto; existe la posibilidad de ganar mucho dinero con una inversión pequeña. Piénselo de esta manera: si usted fuera un jugador exitoso de 20 USD-40 USD —un jugador que gana en promedio una apuesta grande por hora—, esos 80,000 USD representan 2,000 horas en una partida por dinero. Así es: ¡en un solo día se puede ganar el dinero que normalmente se ganaría en un año!

Pero no todo es glamour y gloria. Incluso los mejores jugadores de torneos pueden pasar mucho tiempo —años, incluso— sin ganar. Como las estructuras de pago se concentran tanto en los primeros puestos, a menos que usted sea lo bastante bueno como para quedar periódicamente en el primero, segundo o tercer puesto, las cuotas de entrada pueden agotar sus fondos antes de lo que se imagina.

Los mejores profesionales de torneo, que casi nunca participan en partidas por dinero sino que viajan por todo el mundo disputando un gran torneo tras otro, también deben incluir en sus presupuestos los gastos que implican estos viajes. Aunque los viajes y los grandes torneos parecen llenos de glamour, los pasajes de avión, las cuentas de hotel y las comidas de restaurante van sumando rápidamente.

Torneos satélite

Los *satélites* son esencialmente minitorneos. Un satélite suele ser un torneo compuesto por una mesa, y el ganador por lo general se gana un puesto en el torneo principal. Los *supersatélites* son eventos con muchas mesas en las que se ganan varios puestos para el torneo principal. Los satélites son una buena manera de sondear el juego sin invertir tanto dinero como en el torneo principal.

RECUERDE

Diferencias clave entre los torneos y las partidas corrientes

Existen varias diferencias importantes entre el póquer corriente y el póquer de torneo. Para entender bien el tema de los torneos, tenga en cuenta lo siguiente:

✔ **No se pueden comprar fichas adicionales.** En la mayoría de los torneos de póquer (salvo los que permiten alguna recompra de fichas) sólo se dispone de las fichas que se compraron al comienzo. Por lo general no existe la opción de reabastecer la pila, como sí se puede hacer en el póquer corriente.

✔ **No puede abandonar la mesa en la mitad de la partida.** A diferencia de las partidas corrientes, no es posible tomar las fichas y marcharse con las ganancias si se aburrió o simplemente se quiere ir. En un torneo, la única manera de ganar es ser uno de los finalistas.

✔ **Los jugadores tienden a ser mejores.** Los jugadores que participan en torneos, sobre todo en aquéllos que se juegan sumas altas, tienden a jugar mejor que los jugadores que por lo general participan en partidas corrientes. Además, suelen tener más experiencia.

Así pues, considere la posibilidad de participar en un satélite antes de inscribirse en un torneo principal.

Relación entre las apuestas ciegas y la estructura de las apuestas

Una de las diferencias clave entre el póquer de torneo y el póquer por dinero es la relación entre las apuestas ciegas y la estructura de las apuestas. Esta diferencia es tan importante que muchas de las estrategias que se emplean en los torneos se derivan directamente de ahí.

Veamos primero las partidas por dinero. Si fuera a jugar Texas Hold'em 20 USD-40 USD, probablemente entraría en el juego con aproximadamente 800 USD en fichas. Eso es lo habitual. Algunos jugadores entrarán con 500 USD, otros con 1,000 USD, pero 800 USD parece típico. Esos 800 USD equivalen a veinte apuestas grandes y le dan la oportunidad de jugar varias manos antes de tener que rascarse el bolsillo para comprar más fichas.

En los juegos por dinero, las ciegas y la estructura de las apuestas son fijas y usted puede comprar más fichas siempre y cuando no esté jugando una mano.

Ciegas en aumento

En el póquer de torneo no se pueden comprar fichas adicionales al antojo. A menos que haya un período de recompra, una vez se hayan ido sus fichas, también usted saldrá. Si eso no basta, las ciegas (o las apuestas obligatorias, según sea el caso) aumentan a intervalos fijos.

Si las ciegas y las apuestas obligatorias no aumentaran a intervalos fijos, los torneos durarían días enteros. Al fin y al cabo, casi todos los jugadores esperarían hasta tener manos sobresalientes antes de entrar en un pozo. ¿Y dónde estaría la diversión? Sería como mirar secarse una pared recién pintada, y a nadie le interesa eso.

Como las ciegas y las apuestas obligatorias aumentan, uno se ve forzado a jugar. Cuando las fichas de un jugador se agotan y le toca afrontar la ciega en una o dos manos, posiblemente su mejor curso de acción sea apostar todo con una mano tan baja como un as y cualquier otra carta que tenga en la mano. Si no lo hace, tendrá que arriesgarse a apostarlo todo con las cartas aleatorias que recibirá en la ciega.

En las etapas iniciales de un torneo, la estructura es similar a la de las partidas corrientes por dinero. Supongamos que doscientos jugadores entran en un torneo y cada uno recibe 500 USD en fichas. Los límites de las apuestas durante la primera ronda podrían ser 15 USD-30 USD. En estas condiciones, si un jugador forma en el *flop* un *color de cuatro* (cuatro cartas del mismo palo), puede darse el lujo de arriesgarse y tratar de completar su proyecto.

Sin embargo, en las etapas posteriores de un torneo muchas veces no vale la pena asumir ese riesgo. Supongamos que usted es uno de los últimos ocho jugadores. Como inicialmente se inscribieron doscientos jugadores, había 100,000 USD en fichas. Si se

divide esa cifra equitativamente entre los ocho jugadores que quedan, el valor nominal es 12,500 usd.
En otras palabras, si un jugador tiene exactamente
12,500 usd en esa etapa del torneo, es *promedio* por
definición.

La partida final

Supongamos, entonces, que usted es uno de los últimos participantes que quedan de los doscientos
que entraron originalmente en el torneo. Para ese
momento, es posible que las ciegas hayan aumentado
a 1,000 usd-2,000 usd. Aunque nuestro héroe quizás
tenga exactamente 15,500 usd en fichas, sólo le quedan 6 ¼ apuestas, mucho menos que las 16 ⅔ apuestas grandes que tenía cuando empezó el torneo con
500 usd en fichas en los límites de las apuestas de 15
usd-30 usd.

Ahora los proyectos de color y escalera son arries-
gados. En la mayoría de los casos usted no querrá
arriesgarse a que lo eliminen con una mano especulativa. Si lo tienen que eliminar, querrá tener algo
que le dé alguna posibilidad de sostenerse. Incluso
una pareja mediocre sirve. Un proyecto de color o un
proyecto de escalera débiles no le permitirán ganar
muchos pozos.

Si no le quedan muchas fichas, la decisión que afronta es apostar todas sus fichas por voluntad propia
con una mano como A-4 de diferentes palos, o verse
forzado a apostarlas todas en la ciega, cuando sólo
tendrá en su poder cartas aleatorias.

Sea extremadamente selectivo. Sea muy agresivo

En las últimas etapas de los torneos intervienen dos fuerzas contrarias, ambas originadas por la naturaleza cambiante de la relación entre las ciegas, inexorablemente en aumento, y la estructura de las apuestas. Una fuerza le dice: "¡Sea agresivo! Tiene que ser decidido porque ya no le quedan muchas fichas". La fuerza contraria le dice: "Sea selectivo. No puede darse el lujo de que lo eliminen sin una buena mano".

El eterno problema, desde luego, es que casi nunca sabe uno a ciencia cierta si debe esperar a ver si le sale una mano mejor o apostar con las cartas que le han repartido. Ahí está el arte del póquer de torneo. Pero es la escalada continua de las ciegas y su relación con los límites de las apuestas lo que le da al póquer de torneo su atractivo distintivo.

Errores clave que se cometen en los torneos de póquer

En los torneos de póquer, los jugadores cometen muchos errores. La acción suele ser rápida y los participantes a menudo afrontan situaciones que no les son familiares y en las que deben tomar decisiones difíciles. Esta sección presenta algunos de los errores más frecuentes de los jugadores.

Tratar de ganar demasiado pronto

Algunos jugadores apuestan agresivamente desde el inicio con la esperanza de obtener una mayor ventaja en fichas, y luego siguen jugando con agresividad para ganar pronto. Pero apostar en exceso en vez de desacelerar la marcha a menudo hace que la gente se estrelle y se queme.

Defender en exceso sus ciegas

Muchos jugadores se esfuerzan demasiado por defender sus ciegas. Si sólo tiene una mano mediocre, piense en la posibilidad de retirarse en vez de igualar la apuesta y quedar comprometido con lo que parece una mano barata.

Ser demasiado selectivo

Aunque por regla general no conviene ser demasiado agresivo en las últimas etapas, también es un error jugar de modo excesivamente conservador sólo para llegar a la mesa final.

Ser demasiado selectivo en los juegos puede disminuir sin necesidad su pila de fichas porque en las últimas etapas de un torneo la estructura de ciegas suele ser muy alta en relación con la cantidad de fichas en juego. Y si es demasiado selectivo en las etapas iniciales con el fin de sobrevivir, lo más probable es que más adelante no tenga fichas suficientes para ser un adversario serio.

Jugar una mano marginal después del flop

No se sienta forzado a jugar una mano marginal después del *flop*. Incluso si en el Texas Hold'em usted formó una pareja en el *flop* pero su carta secundaria es débil, piense mejor en retirar su mano si apuesta un jugador con una buena mano.

Ignorar las pilas de fichas de otros jugadores

A medida que se aproxima el final de un torneo, debe estar muy atento a las pilas de fichas de los demás jugadores. Esto le ayudará a tomar decisiones clave.

Por ejemplo, supongamos que sólo quedan ocho jugadores activos y usted tiene una pila mediana de fichas, mientras que dos contrincantes tienen pilas muy bajas. En ese momento, quizás convenga que usted juegue de modo muy conservador para conseguir que esos dos jugadores queden eliminados antes que usted. Recuerde, cada jugador eliminado lo sube a usted un escaño más en la escalera de pagos. Sin embargo, no olvide que la gran recompensa le corresponde a quien quede en primer lugar, de modo que debe estar dispuesto a arriesgarse dentro de límites razonables.

Consejos para torneos de un campeón mundial

Tom McEvoy, campeón mundial de póquer en 1983, tiene muchos consejos sobre cómo jugar y ganar en el póquer de torneo. A continuación presentamos diez consejos extraídos del excelente libro de Tom, *Tournament Poker*.

✔ **Ajuste su juego durante el torneo.** En los torneos hay más de un estilo ganador. Debe tener en cuenta la etapa en que se está desarrollando la competición y su pila de fichas. Por ejemplo, si bien puede jugar de modo poco selectivo al comienzo y acumular muchas fichas, conviene desacelerar más adelante para preservar la ventaja en fichas y dejar que eliminen a otros jugadores.

✔ **Esté siempre atento al recuento de fichas de sus oponentes.** Sobre todo en las etapas posteriores, es importante saber en qué posición está uno con relación a los demás jugadores. Podría ser recomendable presionar a alguien con una pila pequeña para que apueste todo, o quizás dejar que otros jugadores se eliminen unos a otros durante un tiempo.

✔ **Juegue con el jugador y su pila.** Incluso con una pila grande, debe usar su buen juicio y escoger bien. Identifique qué jugadores están siendo poco selectivos y cuáles se han vuelto más selectivos para sobrevivir hasta la mesa final. Las pilas bajas a veces aumentan con manos menos que óptimas, de modo que usted podrá igualarlas cómodamente si tiene una pila grande.

✔ **Nunca deje una pila con sólo una o dos fichas si puede forzar al jugador a apostarlo todo.** En las últimas etapas de un torneo unas pocas fichas se pueden multiplicar rápidamente debido a los límites altos. Evite, por lo tanto, ser amable con los jugadores. Oblíguelos siempre a apostarlo todo si tiene la oportunidad de hacerlo sin que le cueste mucho. ¡Sea cruel!

✔ **Tome decisiones correctas con respecto a las ciegas.** Las decisiones correctas en sus manos de ciega a menudo representan la diferencia entre el triunfo y el fracaso en un torneo. Jugar la ciega correctamente exige mucha prudencia y discreción.

✔ **Aproveche los juegos selectivos.** Cuando todos están siendo selectivos en las etapas finales de un torneo, usted puede asumir más riesgos y ser más agresivo.

✔ **El blof es un arma importante en el Texas Hold'em sin límites.** El blof puede ser muy poderoso en esta variedad de póquer. Cuanto más grande sea su pila de fichas, más intimidante será su blof.

✔ **Estudie a sus rivales.** Debe estudiar a sus oponentes, sobre todo cuando no esté participando activamente en la mano. Para referencias futuras, conviene saber qué tan selectivos (o poco selectivos) son y cómo juegan.

✔ **Aprenda a sobrevivir.** Es esencial aprender a sobrevivir el tiempo suficiente para darse la oportunidad de tener suerte. Quienes han ganado torneos han tenido suerte durante diversas etapas del evento. Pero para aumentar al máximo sus oportunidades de tener suerte, debe afinar sus habilidades de supervivencia.

✔ **Mantenga la calma.** En un torneo, tendrá malos momentos. Debe mantenerse ecuánime y no sucumbir al desespero. Muchos jugadores pierden varias manos y, como consecuencia, tanto su disciplina como sus pilas de fichas empiezan a menguar. No deje que eso le ocurra a usted; por el contrario, ¡aprovéchese de los jugadores a los que les ocurre eso!

Negociar un trato en la mesa final

A menudo, los sobrevivientes en la mesa final de un torneo de póquer negocian tratos. Por ejemplo, si sólo quedan cuatro jugadores y las recompensas son 40 por ciento para el primer lugar, 20 por ciento para el segundo lugar, 10 por ciento para el tercer lugar, 5 por ciento para el cuarto lugar, y 25 por ciento para los demás lugares, entonces esos últimos cuatro jugadores podrían acordar un reparto diferente, sin importar cómo termine oficialmente el torneo.

Los tratos por lo general se negocian cuando hay enormes diferencias entre el dinero del premio y cuando las fichas están todas bastante parejas.

¿Conviene negociar un trato? Para decidirse, es preciso evaluar lo siguiente:

✔ La calidad de los jugadores restantes.

✔ Los recuentos relativos de fichas.

✔ Su nivel de experiencia en torneos en

> comparación con el nivel de experiencia de los otros jugadores.
>
> ✔ El trato ofrecido.

Negociar un trato puede tener mucho sentido, pues le garantiza una buena ganancia. Pero también le pone límite a su tope. ¿Hasta dónde llega su ambición?

La manera más justa de negociar un trato

Si sólo quedan dos jugadores es fácil negociar un trato justo para ambas partes, independientemente de cuántas fichas le queden a cada uno. Observe la estructura del total de premios (*pool*) en la tabla 8-1, en donde el ganador se queda con 80,000 USD y el segundo puesto obtiene 40,000 USD.

Supongamos que usted se encuentra en esa situación. De un total de cuatrocientos participantes sólo quedan ustedes dos. Al cabo de muchas horas de juego, han llegado a este punto. Independientemente de que quede primero o segundo, obtendrá un buen premio.

Pero un momento: existe una gran diferencia entre el primer premio de 80,000 USD y el segundo premio de 40,000 USD. Y a menos que usted tenga una ventaja insuperable en fichas, las cosas pueden cambiar rápidamente en la partida final de un torneo.

Lo más probable es que las ciegas sean demasiado altas en relación con su pila de fichas —sí, inclusive si usted lleva ventaja— y debido a eso tendrá que arriesgarse. Si está jugando sumas muy altas de dinero y hasta este momento su habilidad le ha permitido ganarles a todos salvo a uno de sus oponentes, lo último que querrá es arriesgarse en las apuestas.

La siguiente es la manera de negociar un trato justo para ambos jugadores. Recuerde que ambos tienen garantizado un premio de 40,000 USD, pues como sólo quedan dos contrincantes, ninguno puede recibir menos que el segundo premio.

Hay 120,000 USD para repartirse y cada uno de ustedes tiene garantizado 40,000 USD. Les falta jugar por la diferencia entre el primer lugar y el segundo lugar, que también es 40,000 USD. Supongamos que usted tiene el 55 por ciento de las fichas en juego y que su contrincante tiene el 45 por ciento restante. Para negociar un trato justo, basta con prorratear los 40,000 USD aún en liza según el conteo relativo de fichas:

El 55 por ciento de 40,000 USD es 22,000 USD. Si se suma esa cifra a los 40,000 USD ya garantizados, la persona con más fichas recibiría 62,000 USD.

El jugador en el segundo lugar, que tiene el 45 por ciento de las fichas en juego, recibiría 18,000 USD. Si esta cifra se suma a sus 40,000 USD garantizados, su recompensa final será de 58,000 USD.

Cuando el recuento de fichas es idéntico

Cuando el recuento de fichas es idéntico o casi idéntico, los jugadores a menudo aceptan dividir equitativamente el dinero después de destinar una pequeña porción para jugar por ella. Si usted y su oponente tuvieran el mismo número de fichas, podrían garantizar 55,000 USD para cada uno y jugar por los 10,000 USD restantes. De esta forma, cada jugador protege sus apuestas y se garantiza un premio de 55,000 USD. El ganador, desde luego, se llevará 65,000 USD.

No es una suma tan atractiva como 80,000 USD, pero en todo caso es mucho mejor que quedarse con 40,000 USD sólo porque la suerte no le favoreció en el tramo final.

Cuando más de dos jugadores negocian un trato, el cálculo matemático se complica bastante. En esos casos, los tratos por lo general se negocian en vez de calcularse aritméticamente.

Capítulo 9

La Series Mundiales y el EPT (circuito europeo de póquer)

*T*odos los años, desde finales de abril hasta mediados de mayo, los mejores jugadores de póquer del mundo se dan cita en Binion's Horseshoe, en el centro de Las Vegas (también conocido como Glitter Gulch), para competir en las Series Mundiales de Póquer.

Las Series Mundiales de Póquer incluyen más de cuarenta eventos separados, cada uno de los cuales cuesta entre 1,500 USD y 10,000 USD, y cualquiera que compre el derecho de entrada puede participar en ellos. El juego por lo general empieza todos los días al mediodía y se prolonga en eliminatorias hasta que sólo queden nueve jugadores. El juego continúa a las 4:00 p.m. el día siguiente, y termina cuando un solo jugador se queda con todas las fichas.

Sólo hay un evento para quienes no estén dispuestos a arriesgar mucho, y es gratuito: la Invitación a la Prensa. Este evento tiene como fin ofrecer a los miembros activos de la prensa una experiencia de primera mano en las Series Mundiales sin que tengan que arriesgar su propio dinero. Pero en el póquer el riesgo y la recompensa van de la mano, y el premio de 1,000 USD que recibe el periodista ganador cada año palidece en comparación con los 12 millones USD que se embolsa el campeón del evento principal (hasta 1999, el gran premio era de 1 millón USD). Ese evento principal es un torneo de Texas Hold'em sin límite y su costo de entrada es 10,000 USD. Se juega a lo largo de doce días a mediados de mayo y el ganador se convierte en el campeón mundial durante los siguientes doce meses.

El equivalente en Europa de las Series Mundiales de Póquer es el circuito europeo de póquer, conocido como EPT (European Poker Tour), por sus siglas en inglés. Vea "El circuito europeo de póquer", más adelante en este capítulo.

Cómo empezaron las Series Mundiales de Póquer

El torneo Series Mundiales de Póquer empezó en 1970 en una pequeña reunión de grandes profesionales del póquer, invitados al Horseshoe por su dueño, Benny Binion, para jugar unas cuantas partidas amistosas con apuestas muy altas. Cuando terminó la partida, los presentes votaron por el jugador a quien se le daría el título de campeón mundial. El ganador fue Johnny Moss, quien falleció en 1996 y, a sus 89 años, seguía siendo un jugador competitivo. Moss fue una buena elección, pues él y su viejo amigo Benny Binion fueron quienes más contribuyeron a popularizar el póquer en Las Vegas.

Moss, el Gran Hombre el Póquer, era un veterano jugador de Texas, de una estirpe que se fue extinguiendo debido a la proliferación de casinos y salas de póquer legalizadas. Sin embargo, en 1949 el único estado en donde se podía jugar legalmente era Nevada. En ese año hizo su aparición el legendario jugador Nick "the Greek" (el Griego) Dandalos. El Griego quería jugar al póquer sin límite contra un único oponente. Binion aceptó organizar la partida y desde un comienzo supo quién era el contrincante ideal. Llamó de inmediato a Johnny Moss, quien abordó en Dallas el primer avión disponible, tomó un taxi hasta Binion's Horseshoe y se dispuso a enfrentarse a Nick the Greek en una partida amistosa.

Binion puso la mesa cerca de la entrada del casino y una multitud —intrigada por la partida más importante que se jugaba en esa ciudad— se agolpó para mirar. La confrontación entre Moss y Dandalos duró cinco meses, con descansos para dormir cada cuatro días. Al final, Nick the Greek, que había quebrado a todos los jugadores de la costa este (incluido el mañoso Arnold Rothstein), se levantó de la mesa, sonrió y dijo: "Sr. Moss, tengo que dejarlo ir". A lo largo de ese periodo de cinco meses, Johnny Moss le había ganado a Nick Dandalos más de 2 millones USD.

1970: las primeras Series Mundiales de Póquer

En 1970, Binion decidió volver a invitar a los profesionales más destacados a que jugaran en público. En las primeras Series Mundiales de Póquer se jugaron cinco partidas, y Johnny Moss las ganó todas. En 1971 volvió a ganar; y cuando ganó el título por tercera vez, en 1974, se consolidó para siempre la leyenda de Johnny Moss y las Series Mundiales de Póquer.

Desde sus inicios relativamente modestos, el torneo de las Series Mundiales de Póquer ha crecido exponencialmente. De cinco eventos en 1970, pasó a ser un torneo con más de cincuenta eventos. La gran final, que es el torneo de Texas Hold'em sin límite con costo de entrada de 10,000 USD, atrae a más de ocho mil participantes todos los años, con un total de premios que supera los 80 millones USD.

El ganador de 1997, Stu Ungar, un jugador profesional de Las Vegas, quien también había ganado en 1980 y 1981, obtuvo como premio 1 millón USD. El resto del dinero se distribuyó entre los siguientes veintisiete ganadores, según el orden de triunfo. Desde entonces, todos los ganadores han recibido un primer premio de por lo menos 1 millón USD.

El circuito europeo de póquer

El European Poker Tour (EPT) es el circuito de torneos más importante de Europa. Hasta ahora han tomado parte en él más de 6,000 jugadores inscritos,

Ganadores de las Series Mundiales de Póquer

En la siguiente lista figuran los mejores entre los mejores: los hombres y mujeres que han ganado el campeonato de Texas Hold'em sin límite con costo de entrada de 10,000 USD en las Series Mundiales de Póquer.

1970:	Johnny Moss	1989:	Phil Hellmuth, Jr.
1971:	Johnny Moss	1990:	Mansour Matloubi
1972:	Amarillo Slim Preston	1991:	Brad Daugherty
1973:	Puggy Pearson	1992:	Hamid Dastmalchi
1974:	Johnny Moss	1993:	Jim Bechtel
1975:	Sailor Roberts	1994:	Russ Hamilton
1976:	Doyle Brunson	1995:	Dan Harrington
1977:	Doyle Brunson	1996:	Huck Seed
1978:	Bobby Baldwin	1997:	Stu Ungar
1979:	Hal Fowler	1998:	Scotty Nguyen
1980:	Stu Ungar	1999:	Noel Furlong
1981:	Stu Ungar	2000:	Chris Ferguson
1982:	Jack Strauss	2001:	Carlos Mortensen
1983:	Tom McEvoy	2002:	Robert Varkonyi
1984:	Jack Kellar	2003:	Chris Moneymaker
1985:	Bill Smith	2004:	Greg Raymer
1986:	Berry Johnston	2005:	Joseph Hachem
1987:	Johnny Chan	2006:	Jamie Gold
1988:	Johnny Chan		

generando una bolsa de premios de más de 26 millones de euros. La final de 2006, disputada en el legendario casino de Montecarlo, creó el primer millonario generado por el EPT, y el primer premio de 2007 supera el millón y medio de euros.

El European Poker Tour fue lanzado en septiembre de 2005 con siete torneos de Texas Hold'em sin límite, patrocinados por PokerStars.com. Retransmitidos por televisión, obtuvieron un notable éxito, y el enorme crecimiento del circuito refleja el aumento de la popularidad de este juego en todo el mundo. El primer torneo del EPT tuvo lugar en Barcelona, con 211 participantes, una cuota de inscripción de 1,000 € y un *pool* de premios de 229,000 €. En comparación, el German Open de Dortmund, perteneciente al circuito de este año, tenía una cuota de entrada de 5,000 €, y atrajo a aproximadamente 500 jugadores. La final, con más de 700 jugadores y una bolsa de premios superior a los 7 millones de euros es, por méritos propios, el torneo de póquer más importante de cuantos se disputan fuera de Estados Unidos.

Las ciudades que han acogido el torneo son, hasta ahora, Barcelona, Baden-Baden, Copenhague, Dortmund, Dublín, Londres y Varsovia, siempre con una final en el equivalente europeo a Las Vegas: Montecarlo.

Capítulo 10

La informática: un buen atajo para dominar el póquer

• •

En este capítulo

▶ Descubrir cómo una computadora personal le puede ayudar a dominar el póquer

▶ Entender las ventajas de la práctica interactiva

▶ Crearse un programa interactivo de estudio

• •

Si en verdad le interesa mejorar sus habilidades en el póquer —sobre todo si es principiante—, tendrá que recurrir a una computadora. Le diremos por qué.

La combinación del póquer con la tecnología de la computación brinda la oportunidad de impulsar su progreso en el juego y ascender fácilmente en la curva de aprendizaje. Jugar al póquer en la computadora también le ahorrará dinero: aprenda a superar sus errores de novato antes de que le cuesten caro en partidas reales.

Los estudiosos del póquer en la actualidad pueden utilizar una computadora personal como pilar de un curso autodidacta interactivo. Si estudia con libros y además utiliza la informática para practicar las habilidades recién adquiridas, podrá evitarse la angustia y el alto precio de ganar experiencia por el método tradicional (perdiendo dinero frente a tiburones).

Con una computadora, usted podrá ensayar sus nuevas habilidades en partidas contra oponentes simulados sorprendentemente duros. En Internet también podrá jugar contra adversarios de carne y hueso por dinero ficticio o incluso real, lo que le dará una experiencia valiosa antes de lanzarse a los juegos de casino en vivo.

Una vez en línea, podrá participar en grupos de noticias como `rec.gambling.poker` (RGP) y en otros foros dedicados específicamente al póquer. En ellos encontrará discusiones estimulantes que le aguzarán el pensamiento y le permitirán profundizar en sus conocimientos. Recibirá retroalimentación de jugadores con más experiencia, incluidos expertos, y obtendrá información sobre partidas en distintos lugares del mundo.

Usar una computadora para prácticas interactivas

Antes también se podían aprender rápidamente los fundamentos del póquer, pero sólo era posible adquirir experiencia a base de palos. No había ningún curso integral para novatos. Era preciso pagar errores costosos en las mesas de juego. Punto.

Luego aparecieron los libros sobre póquer, que facilitaron mucho las cosas a las personas dispuestas a estudiarlos. Con la ayuda de este libro y otros, en un ciclo continuo de lectura, estudio, juego y reflexión, usted llevará una gran ventaja. Los vídeos y los seminarios también ayudan. ¡Y no olvide comentar su juego con amigos conocedores!

Con todo, al igual que la interpretación musical, el póquer es una actividad práctica. Independientemente de cuánto estudie y se prepare, tiene que jugar partidas reales para mejorar. No hay forma de eludir esto.

También tiene que interactuar con otros jugadores. Al fin y al cabo, el póquer es una actividad interactiva. En la música es posible convertirse en un solista superestrella que acapara los focos y genera mucho dinero actuando sin compañía. Por el contrario, para convertirse en estrella de póquer es preciso interactuar constantemente con otros jugadores al tiempo que revisa y ajusta su juego. ¡Sólo así mejora!

Los mejores libros sobre póquer y otras ayudas de aprendizaje le darán un marco sólido para jugar bien, pero no le aportarán la experiencia interactiva y práctica que usted necesita. ¡La informática sí le puede dar eso! Una computadora le ofrecerá tres tipos de juego interactivo:

✔ En el *software* de juegos interactivos, la computadora funciona simultáneamente como instructor/guía, oponente en las prácticas y evaluador de sus progresos. No hay riesgo financiero y usted podrá practicar todo lo que desee sin costo alguno, salvo por la compra inicial del *software*. Más importante aún, mejorará constantemente. (No crea que es fácil jugar contra los contrincantes simulados por la computadora; algunos son tan buenos que incluso desafiarán a los expertos.)

✔ Conectado a Internet, la computadora le permitirá participar en partidas con dinero ficticio, en las que competirá contra rivales de carne y hueso. Los otros jugadores se parecerán a usted, pues sólo querrán aprender y divertirse. Podrá "chatear" con ellos mientras juega, escribiendo mensajes desde el teclado. No hay riesgo financiero, aunque es posible que haya que pagar una cuota nominal por usar el sitio de Internet (aunque también existen algunas webs gratuitas).

✔ ¡La computadora lo puede conectar con casinos de póquer en Internet, en donde podrá jugar contra personas de carne y hueso por dinero de verdad! Tenga en cuenta que eso ya no es práctica sino póquer de verdad. Piense en los pro y los contra de dar este paso antes de lanzarse a la piscina (en el capítulo 11 le ayudaremos a reflexionar sobre esta opción).

Un curso autodidacta interactivo

Los juegos de *software* interactivo en la computadora y las partidas de póquer con dinero ficticio en Internet son el meollo de un curso autodidacta integral. Le sacarán la cabeza de los libros de póquer y le ayudarán a despegar en el juego.

¡Pero aguarde! Eso no significa que deba abandonar los libros... ¡eso nunca! Los tendrá que leer y releer a lo largo de toda su carrera como jugador de póquer. También le serán valiosos mientras aprende jugando en la computadora. Nadie lo verá echar un vistazo a una tabla de valores o a un capítulo que le diga si en verdad ha debido volver a subir cuando todavía cuatro jugadores deben actuar después de usted. Mantenga esos libros a la mano.

¡Sea creativo! ¡Mezcle! Lea un párrafo, juegue una mano. Saque el perro a pasear. Reflexione sobre las manos que acaba de jugar. Tómese un café. Piense un poco más. Escoja otra modalidad de juego. Juegue algunas manos. Vuelva a leer el capítulo. Juegue otras manos. ¿Capta la idea?

Visualice su curso autodidacta como si fuera una mesa de tres patas:

✔ En los libros serios de póquer podrá aprender desde los fundamentos hasta las teorías avanzadas. Ésa es una pata.

✔ La segunda pata es un programa de póquer por computadora, de buena calidad, en el que jugará contra oponentes informáticos y trabajará en problemas específicos. Como complemento, podrá jugar partidas simuladas apostando dinero ficticio contra oponentes de carne y hueso, en Internet.

✔ La tercera pata es el animado intercambio de ideas que encontrará en los foros y grupos de noticias dedicados al póquer. Si participa con frecuencia en grupos como `rec.gambling.poker` (RGP), entenderá cada vez más los elementos teóricos y psicológicos del póquer.

Tenga muy en cuenta estos tres componentes esenciales (en el siguiente capítulo examinamos los juegos de póquer en Internet, así como el RGP).

Programas informáticos de póquer interactivo

Los programas de póquer para computadora ya llevan bastante tiempo en el mercado. Sin embargo, los mejores ofrecen oportunidades de aprendizaje interactivo que hace unos pocos años no existían. Con rapidez creciente van apareciendo en el mercado versiones mejoradas que dejan a sus antecesoras a años luz de distancia. El realismo de los programas actuales ha desvirtuado en gran medida las afirmaciones que hacían los gurús del póquer hace tan sólo unos pocos años:

"Sospecho que el póquer es un juego demasiado complejo como para programarlo razonablemente bien", escribió un experto en 1996. Más o menos por la misma época, otro experto escribió que los oponentes simulados por computador eran incapaces de aprender lecciones de lo que había ocurrido en manos anteriores al momento de tomar decisiones, lo cual siempre hace (o debería hacer) un jugador de carne y hueso.

Para que sean beneficiosas, sus sesiones de práctica deben realizarse en condiciones tan parecidas como sea posible a una partida real. Los más recientes programas de póquer ofrecen el contexto realista de juego que se requiere para mejorar. Los adversarios informáticos han evolucionado.

Los expertos ahora dicen —bastante en serio— que les gustaría poner a algunos de los oponentes elec-

trónicos a jugar en partidas reales por dinero de
verdad.

Estos nuevos *ciberjugadores*, con capacidad para
blofear y semiblofear y también para pasar en falso,
pueden hacer todo lo siguiente:

✔ Ajustar según la posición y el número de jugadores.

✔ Alterar la estrategia cuando un jugador pasa en
falso.

✔ Reaccionar frente a acontecimientos ocurridos
en manos anteriores.

✔ Llevarse su parte de los pozos y dejarlo a usted
refunfuñando.

No cabe duda de que lo prepararán para las partidas
reales.

Capítulo 11

Póquer en Internet

• •

En este capítulo

▶ Mejorar el juego con partidas por Internet con dinero ficticio

▶ Determinar si las partidas por Internet con dinero real son para usted

• •

A veces uno necesita saber que está jugando contra gente de carne y hueso y no sólo contra simples simulaciones informáticas. Si comienza a hablar solo o empieza a añorar tener contacto con seres humanos para renegar de ellos, ¿qué puede hacer?

En Internet es posible conseguir casi cualquier cosa, incluidas partidas de póquer. Las ciberpartidas no tienen una ubicación física pero las puede convocar en cualquier momento en su computadora personal. Igual que los genios de las botellas, estas partidas esperan una orden suya. ¡Basta con dar unos cuantos clics al ratón!

Partidas por Internet con dinero ficticio

Si no está listo para apostar dinero de verdad, en Internet puede participar en juegos simulados usando dinero ficticio. Sus oponentes pueden estar en cualquier país del mundo. No compartirán el mismo recinto con usted, pero serán personas de carne y hueso que también quieren jugar.

Cuando empiece a jugar en línea, tendrá que hacer varios ajustes. Las partidas de póquer por Internet se desarrollan en el ciberespacio, el universo de conexiones electrónicas que está al mismo tiempo en todas partes y en ninguna. Al comienzo es un poco desconcertante escuchar que una voz desencarnada le pide la ciega o ver manos invisibles que retiran sus cartas en vez de que usted mismo abandone la mano.

Los diseñadores de juegos por Internet han hecho todo lo posible por simular lo visual y lo auditivo de una partida real de póquer:

✔ Usted se ve representado a manera de un pictograma, sentado a una mesa virtual con otros jugadores que también están representados con pictogramas.

✔ Su nombre de jugador o usuario (*nickname* o *handle*) y la cantidad de dinero que tiene en juego aparecen encima o debajo de su representante virtual.

✔ Cartas de colores vivos, mesas, fichas y vestuario de jugadores imitan los elementos del póquer real de casino.

✔ Un crupier invisible anuncia las apuestas y las subidas y declara las manos ganadoras (¡pero no acepta propinas!).

✔ Usted escucha el sonido de las cartas cuando se barajan y se reparten, y el de las fichas cuando se empuja el pozo hacia el ganador.

✔ Usted conversa con otros jugadores desde la ventana de *chat*, escribiendo mensajes en su teclado.

✔ Para pasar, apostar o subir, hace clic en las opciones que aparecen en la pantalla. Es fácil acudir a la sección de Ayuda o al Historial de la mano haciendo clic en "otras opciones". ¿Quiere abandonar el juego o participar en otra partida? ¡Haga clic!

Pero no es póquer de verdad, ¿o sí?

El póquer por Internet con dinero ficticio no es póquer de verdad, pero no se supone que lo sea. El póquer de verdad se juega con dinero de verdad. Aun así, estas ciberpartidas permiten desarrollar muchas habilidades. Por ejemplo, podrá mejorar en:

✔ Evaluar manos.

✔ Leer manos.

✔ Retirar la mano, apostar, igualar, subir y volver a subir.

✔ Clasificar a sus oponentes.

✔ Calcular las posibilidades que tiene de llevarse el pozo.

Igual que ocurre con la mayoría de las cosas gratuitas (o casi gratuitas) en la vida, cuando se juegan partidas en línea con dinero de mentira existen algunas limitaciones inherentes:

✔ No podrá detectar *pistas*, las señales físicas y emocionales involuntarias que muchas veces revelan la mano de un jugador. La posibilidad de subir una apuesta porque detectó temor en los ojos de un contrincante es una experiencia que no tendrá en las partidas por Internet.

✔ No podrá practicar estrategias engañosas. Olvídese de las jugadas sofisticadas y del blof. Los jugadores por lo general igualan cualquier apuesta cuando no hay dinero real en juego.

✔ Estas partidas pueden ser más lentas que las de verdad y que las generadas con *software* interactivo, en las que se juega contra oponentes informáticos. Algunas personas juegan mientras están en el trabajo o hacen otras cosas, y a veces tienen computadoras lentas o problemas de acceso a Internet.

Cómo son las partidas

Casi todas las partidas por Internet con dinero de mentira son poco selectivas (¡por decirlo suavemente!). Los jugadores entran en los pozos llenos de entusiasmo, apostando y subiendo sin ton ni son. Mucha de esta actividad no es más que humo y espejos, pero cuando el humo se despeja, alguien habrá completado una mano. ¡No espere llevarse un pozo sin pelear! Hay muchos *pozos familiares* (pozos en los que todos los jugadores participan) y no encontrará muchos jugadores marginados mano tras mano. Las apuestas con frecuencia llegan al *tope* (cuando los jugadores hacen el máximo número de subidas permitido). Manténgase ahí... si tiene una mano.

Verá igualar e incluso subir apuestas con cartas que se han debido retirar. Verá igualar con un par bajo, con proyectos sin una intención clara, incluso con tan poco como una sola carta de valor superior a las de la mesa, con la esperanza de que la suerte sonría. Al fin y al cabo la diversión está en jugar, no en retirarse. ¡Su reto en estos juegos es no unirse a la fiesta!

En un buen sitio web con dinero de mentira encontrará como mínimo partidas de Texas Hold'em y 7 Card Stud. El Omaha también es popular, y si tiene suerte podrá escoger entre Omaha Hi y Omaha Hi/Lo. La tendencia es hacia una mayor selección de juegos. También encontrará torneos.

Los menús de los juegos cambian según las tendencias más populares, e incluso los sitios de los juegos vienen y van. Para averiguar qué juegos hay disponibles en el momento, haga la consulta en el grupo de noticias de póquer por Internet `rec.gambling.poker` (RGP).

Cómo le ayudan estas partidas a mejorar

Estará compitiendo con personas que, al igual que usted, están aprendiendo a jugar o tienen poca experiencia. Pero a diferencia suya, casi todas estarán jugando estrictamente por diversión. Esos jugadores tendrán muchos malos hábitos porque simplemente no les importa o porque no saben lo que hacen, mientras que usted estará jugando en serio para mejorar. Así es: ¡en serio! Juegue como si fuera de verdad, como si sus fichas en el ciberespacio se fueran a convertir en dinero. ¿Perdió? ¡Hasta ahí llegó su banca! ¡Más vale que conserve su empleo! ¿No puede evitar jugar cuando recibe una serie de cartas malas?

Es mejor que busque un segundo empleo... lo va a necesitar.

¿Cree que jugar al ciberpóquer va a ser fácil? Tal vez durante los primeros treinta o sesenta minutos. Después estará peleando contra el trío de las "f": la frustración, la fatiga y el *factor diversión*: la tendencia a participar en partidas no selectivas para pasarlo bien. De modo que resista a la tentación ahora, cuando no le cuesta nada.

Considere importantes estas sesiones. Lleve cuentas. Determine cuándo se presenta su punto de equilibrio: ¿cuánto tiempo es capaz de jugar sin ceder a la tentación de jugar manos inferiores, de igualar cuando no debe, de reaccionar emotivamente cuando un jugador mediocre apuesta con un mal proyecto? ¡Recuerde que el reto más difícil en el póquer es conquistarse a sí mismo!

Si le es difícil tomar con seriedad una partida de Internet con dinero ficticio "porque en realidad no cuenta", recuerde esto: para usted el juego sí cuenta; cuenta como preparación, y cuando participe en una partida con dinero de verdad, afrontará los mismos dilemas que en las partidas del ciberespacio. Le diremos por qué:

✔ A menos que el dinero no le importe, comenzará a jugar sus primeras partidas por dinero real con límites bajos. En muchos lugares, las partidas con límites bajos son poco selectivas. Aunque hay en juego dinero de verdad, muchos jugadores de partidas de casino con límite bajo jugarán con temeridad. De hecho, ¡estarán apostando y subiendo apuestas como si estuvieran arriesgando únicamente dinero de mentira!

✔ Si logra disciplinarse incluso en una partida por dinero ficticio, más probabilidades habrá de que logre dominar al duendecillo de las apuestas cuando haya dinero real en la mesa. (¿Qué es el duendecillo de las apuestas? Es esa vocecita —y todos la hemos oído alguna vez— que cada rato nos dice que sigamos jugando cuando debemos retirar la mano, o que veamos una carta más a pesar de que sabemos que las probabilidades en contra no lo justifican.) No olvide que los jugadores perdedores le hacen caso al duendecillo de las apuestas. ¡Los ganadores no!

Los mejores sitios con dinero ficticio: casinos de póquer online

Los casinos en línea que ofrecen partidas con dinero real a menudo también ofrecen partidas introductorias con dinero ficticio. Éstas son una excelente manera de comenzar, por las siguientes razones:

✔ Como su propósito es acostumbrar a los clientes a las imágenes gráficas y los procedimientos de las partidas por dinero, estas partidas con apuestas simuladas tienen un diseño amigable. Usted es un cliente potencial del casino, y a los dueños del casino les interesa atraerlo haciendo que se sienta bienvenido y a gusto.

✔ Aunque los juegos son muy fáciles de usar, la programación y las imágenes gráficas son sofisticadas: son idénticas a las que se utilizan en las partidas con dinero real. En términos generales, las partidas son muy superiores a las que se ofrecen en los sitios de Internet sólo como entretenimiento.

✔ Los jugadores serán un poco más serios que los que encontrará en los sitios de sólo entretenimiento. (Observe que decimos "un poco más serios". De todos modos, siete de cada diez jugadores igualarán las apuestas. ¡Pero por lo menos no serán diez de cada diez!)

✔ Podrá ver la partida que desea antes de jugar, y podrá luego seleccionar su puesto para tener una ventaja en materia de posición.

Si lo desea, puede observar las partidas por dinero. Si el procedimiento para hacerlo no es claro, no dude en preguntar. Pregunte a otros jugadores escribiendo en la ventana de *chat* o envíe un correo electrónico al administrador indicado para pedirle instrucciones.

En los casinos por Internet que ofrecen partidas con apuestas en dinero real no tendrá que pagar para practicar en las partidas de prueba con dinero simulado. Sin embargo, es posible que deba seguir el procedimiento de abrir una cuenta (lo cual no significa que deba proporcionar un número de tarjeta de crédito, pero probablemente sí tendrá que dar su nombre, dirección, correo electrónico y número de telefono).

Empezar

Primero tiene que descargar en su computadora los archivos de programa de la web y luego debe instalar el *software* que proceda.

A continuación debe suministrar un nombre de usuario, con el que se dará a conocer en las partidas. Algunas personas usan su nombre o sus iniciales o una amalgama de partes del nombre y el apellido. Otras adoptan apodos imaginarios, literarios o humorísticos. Dé rienda suelta a su creatividad si así lo desea.

Una vez escogido su nombre de usuario es posible que no lo pueda cambiar con facilidad, de modo que elija con cuidado. Este nombre es la única manera en que sus oponentes podrán identificarlo para recordar cómo juega, de modo que no sería justo cambiarlo continuamente.

Póquer virtual por dinero real

Utilizando la más moderna tecnología informática, miles de personas juegan al póquer *online* con dinero de verdad. Al conectar sus computadoras con Internet, jugadores en sitios tan distantes como Nueva York, Londres y Tokio pueden jugar simultáneamente partidas de póquer generadas por computador... en busca de ganancias reales.

Hasta hace poco estas partidas no eran posibles. Representó un reto el inventar un *software* de póquer que permitiera a extraños jugar unos contra otros en partidas en vivo desde distintos lugares... y con la suficiente confianza como para respaldar con dinero sus clics del ratón.

Si no se juega dinero real, los casinos en línea no pueden obtener ganancias. Los casinos se quedan con una comisión (*rake*) —un porcentaje fijo de cada pozo—, así como lo hace un casino físico. La única diferencia es que lo toman electrónicamente en vez de que lo haga un crupier de carne y hueso.

Los enormes avances en imágenes, sonido y programación de las computadoras hicieron posibles las partidas por dinero en Internet. El 1 de enero de 1998, Planet Poker fue el primer casino de póquer por Internet que ofreció la posibilidad de jugar por dinero real. Otros casinos siguieron su ejemplo.

¿Pero es legal?

La respuesta a si este tipo de juegos es legal depende del lado del negocio que represente —el de la oferta o el del cliente— y también de su lugar de residencia.

Si está pensando iniciar un casino de póquer en línea, ¡cuidado! Por ejemplo, en Estados Unidos es posible que termine ante la justicia por operar un negocio así, pues la ley federal los prohíbe. Al percibir una demanda casi ilimitada de los clientes, los empresarios extranjeros se apresuraron a llenar el vacío. Los casinos de póquer por Internet tienen su sede en países con leyes más indulgentes en este sentido, como Costa Rica.

En el caso de Europa, la regulación varía de un país a otro, y la mayoría de las empresas están establecidas en lugares como Malta.

Los clientes, sin embargo, pueden vivir en cualquier parte. En algunos países es ilegal apostar en Internet. Dependiendo de su lugar de residencia, puede ser contrario a la ley jugar al póquer en línea por dinero.

Nuestro consejo

Si hace apuestas por Internet, estará en una zona gris de la ley. Nuestro consejo es que se mantenga al tanto de los avances legislativos preguntando regularmente sobre ellos en `rec.gambling.poker`. Luego, guíese por el sentido común.

Si juega por dinero en casinos en línea, también es importante que conozca sus derechos legales, o más bien la ausencia de derechos.

Considere lo siguiente:

✔ **Si un casino con sede en el exterior quiebra, usted podría perder el dinero que tenga en su cuenta, sin posibilidades de demandar.**
Nuestro consejo: Averigüe qué reputación tiene el casino con el grupo de noticias de póquer `rec.gambling.poker`. Tan pronto empiece a jugar, lleve bien su contabilidad y cobre con frecuencia sus ganancias. No deje en la cuenta más del dinero que pueda darse el lujo de perder.

✔ **Cuidado con el juego sucio.** Algunos jugadores deshonestos pueden jugar en la misma partida al tiempo que utilizan teléfonos móviles, mensajería instantánea (*chat* en tiempo real) o incluso computadoras adyacentes. Con cualquiera de estos sistemas, personas tramposas pueden compartir información de manera injusta en perjuicio suyo.
Nuestro consejo: En los mejores casinos en línea tienen programas que monitorizan los patrones de apuestas extraños que caracterizan estos casos. Escoja un casino *online* conocido,

y antes de registrarse pregunte qué medidas se toman para disuadir a los tramposos. Además, si usted es un principiante sin experiencia suficiente como para detectar por sí mismo los patrones inusuales de apuestas, manténgase dentro de los límites más bajos disponibles (los tramposos por lo general prefieren apuestas más altas).

✔ **La manera más fácil de abrir una cuenta en un casino en línea es hacer un depósito con una tarjeta de crédito.** Es preciso tener mucho cuidado al introducir en Internet números de tarjeta de crédito e información personal. Revise atentamente todos los meses los estados de cuenta de su tarjeta de crédito.

Nuestro consejo: Revise el grupo de noticias de póquer por Internet `rec.gambling.poker`. Busque hilos (grupos de mensajes listados por tema) relacionados con los casinos en línea. Después de haber leído los hilos, inicie uno nuevo para preguntar si alguien ha tenido problemas con una cuenta en un casino determinado.

Si todavía duda ante la idea de introducir el número de su tarjeta de crédito para hacer un depósito, envíe el dinero por otro medio (transferencia bancaria, cheque o giro). A veces aceptan incluso cheques personales (si tiene dudas, pregunte; envíe una consulta por correo electrónico al casino que tiene en mente).

(Este capítulo fue escrito por Kathleen K. Watterson. K.K.W. tiene un título en Periodismo de la Universidad de Siracusa. Es experta en juegos como el ajedrez, el Scrabble y el póquer. Para la edición en español de este libro se hicieron algunos ajustes al texto original.)

Parte IV

Más diversión con el póquer

The 5th Wave — Rich Tennant

"CLARO QUE JUGARÉ CONTIGO. SI COMBINAS LAS CARTAS COMO COMBINAS LAS CAMISAS Y LAS CORBATAS, SERÁ MUY FÁCIL GANARTE".

En esta parte...

Esta breve parte contiene información que no encajaba bien en otros apartados. En el capítulo 12 encontrará la terminología y los mitos del póquer. Y en el capítulo 13 le daremos muchos recursos para que afine sus habilidades en el juego.

Capítulo 12

Terminología y mitos del póquer

. . . .

En este capítulo

▶ Descifrar la terminología del póquer

▶ Desenmascarar los mitos del juego

. . . .

*E*n el póquer abundan la jerga y los mitos, que conjuran visiones del Viejo Oeste, casinos glamorosos y noches de sábado en casa de los amigos... En este capítulo examinamos el vocabulario y los mitos del juego.

Terminología del póquer

Algunas de las palabras y expresiones relacionadas con el póquer se entienden sin problema, pero hay otras difíciles de comprender. Si quiere sonar como un profesional, eche un vistazo a la siguiente lista de términos y definiciones:

Abrir   Empezar la ronda de apuestas haciendo una apuesta.

Apostar (*bet*)	Meter dinero en el pozo.
Apostar en dos fases (*string raise*)	Una acción no permitida en la que un jugador pone una cantidad para igualar una apuesta y enseguida vuelve a su pila de fichas para poner otras en el pozo y subir, sin haber declarado verbalmente una subida.
Apostar todo (*all-in*)	Tener en el pozo todas las fichas. A un jugador que apuesta todo no se le puede sacar del pozo, pero sólo se le permite ganar la fracción correspondiente a su aporte.
Apuesta forzada	Una apuesta requerida, del tamaño prescrito. La alternativa es retirar la mano; no se puede pasar.
Apuesta obligatoria (*ante*)	Una apuesta que deben hacer todos los jugadores antes de iniciar la mano, como requisito para poderla jugar. Este dinero alimenta el pozo.
Banca	La cantidad de dinero que tiene un jugador para apostar.
Blof (*bluff*)	Una apuesta o una subida que hace un jugador sin tener una buena mano, con el ánimo de provocar el retiro de otros jugadores.
Botón	Disco pequeño que se pasa de un jugador a otro después de cada

mano, en el sentido de las agujas del reloj, para indicar la posición del crupier o *dealer*.

Calle

La secuencia de cartas que se reparten en una mano. Específicamente, cuando se reparte más de una carta simultáneamente, la última carta en la secuencia se denomina *calle*. En el 7 Card Stud, cada jugador recibe inicialmente tres cartas (dos tapadas y una descubierta) y se procede con una ronda de apuestas. Esa ronda de apuestas (la primera) se hace en la *tercera calle*. La cuarta carta que se reparte se denomina *cuarta calle*, la quinta se llama *quinta calle,* y así sucesivamente.

Cara de póquer

Rostro inexpresivo para no revelar información sobre la mano que se tiene.

Carta gratis

Una carta que se recibe sin costo alguno, porque ningún jugador apostó en la ronda anterior.

Ciega (*blind*)

Una apuesta obligatoria que hacen uno o dos jugadores ubicados a la izquierda del botón, antes de que se reparta una nueva mano. El botón rota y con ello rota también la ciega.

Color (*flush*)

Cinco cartas del mismo palo pero sin un orden particular.

Comisión (*rake*)	Las fichas que se toman del pozo para el casino o la sala de cartas.
Con límite del pozo	Una partida en la que la apuesta máxima permitida es igual al tamaño del pozo en el momento de la apuesta.
Confrontación (*showdown*)	Después de la última ronda de apuestas, el momento en que todos los jugadores activos muestran sus manos para comprobar cuál es la mejor.
Cortar	Dividir la baraja en dos antes de repartir la mano, con miras a prevenir cualquier intento de trampa.
Derrota dura (*bad beat*)	Una buena mano que es derrotada por una mano aún mejor, por lo general debido a que el oponente tuvo la suerte de que le saliera una carta buena.
Entrada	La cantidad mínima de dinero requerida para entrar en una partida de póquer. Por ejemplo, en una partida de Texas Hold'em 20 USD-40 USD, la entrada mínima por lo general es 200 USD.
Figuras	Cartas con figuras (joto, reina, rey).
Flop	En el Texas Hold'em, son las primeras tres cartas comunes en la mesa.

Full	Tres cartas de un mismo valor más otras dos cartas también de un mismo valor.
Igualar (*call*)	El jugador mete en el pozo la misma cantidad de dinero que puso el jugador anterior, con el fin de seguir jugando la mano.
Jefe de sala (*floorman*)	El supervisor o encargado de la sala de juego donde se disputan las partidas.
Las cartas hablan	Se refiere a que la mejor mano se determina al destapar todos los jugadores sus cartas, sin declaración alguna.
Leer	El acto de determinar si una persona tiene una mano buena, una mano mala o blofea.
Lowball	Una variante de póquer en la que gana la mejor mano baja.
Mano a mano (*heads up*)	Jugar contra un solo oponente.
Mano invencible (*nuts*)	Una mano imposible de derrotar, a la luz de las cartas que ya se han jugado.
Mazo de descarte (*muck*)	La pila de cartas que ya no están en el juego.
Mesa	Las cartas descubiertas a la vista de todos los jugadores.

No selectivo (*loose*)	Un jugador que juega muchas manos.
Omaha	Una variación del Texas Hold'em en que cada jugador recibe cuatro cartas tapadas y debe utilizar dos (y sólo dos) de ellas en combinación con tres de las cartas comunes en la mesa. Se puede jugar únicamente con mano alta (Hi) y con manos alta y baja (Hi/Lo).
Pasar (*check*)	Declinar una apuesta cuando le toca el turno.
Pasar en falso (*checkraise*)	Pasar cuando le llegue el turno y, luego, cuando alguien más apueste, subirle la apuesta a esa persona.
Pista	Una señal que revela el tipo de mano que se tiene, por lo general algún gesto o peculiaridad.
Plantar	En el póquer de descarte, el jugador planta cuando no necesita cambiar sus cartas porque tiene una escalera, un color, un *full* o un póquer. A veces los jugadores blofean plantando, en un intento por hacer creer que tienen una mano fuerte.
Póquer (*poker* o *quads*)	Cuatro cartas del mismo valor.
Pozo familiar	Cuando muchos jugadores participan en una mano.

Retirarse (*fold*)	Renunciar al pozo en vez de igualar o subir una apuesta.
River	La última carta común que se reparte.
Selectivo (*tight*)	Un jugador que no juega muchas manos.
Semiblof	Apostar una mano que no necesariamente es la mejor, pero que tiene una posibilidad razonable de mejorar y convertirse en la mejor.
Subir (*rise*)	Igualar una apuesta y meter en el pozo dinero adicional, forzando así a los demás jugadores a meter más dinero si quieren seguir con la mano.
Trío	Tres cartas de un mismo valor.
Turn	La cuarta carta común que se reparte descubierta en Texas Hold'em.
Valor	El valor de cada carta y de la mano.

Mitos del póquer

Saber diferenciar entre mitos y hechos le ayudará a ganar al póquer, de modo que necesita saber esto:

La mano del hombre muerto

El póquer era un juego altamente popular en la década de 1870. Uno de los muchos jugadores de entonces se llamaba James Butler "Wild Bill" Hickok. Wild Bill llegó al pueblo de Deadwood, en la región de Dakota, y en sus ratos libres acostumbraba jugar al póquer en la taberna. Wild Bill había matado a muchas personas, por lo cual tenía unos cuantos enemigos.

Una noche se jugaba en la taberna una partida de póquer de descarte. Hickok estaba de espaldas a la puerta y de repente entró un asesino y lo mató de un disparo en la mitad de una mano. Hickok tenía dos ases y dos 8 (doble pareja), y esa combinación se conoce hoy en día como "la mano del hombre muerto".

El mito

En póquer, el ganador es el jugador que se lleva el mayor número de pozos.

Conviene retirarse cuando se está ganando.

El hecho

El ganador es el jugador que se lleva la mayor cantidad de dinero. Llevarse muchos pozos pero perder pozos muy buenos puede causar problemas.

Si la partida es buena, usted está jugando bien y no tiene ningún compromiso que lo obligue a estar en otro lugar, debe seguir jugando para ganar más.

Se deben establecer límites para no perder demasiado en un mismo momento.

Es bueno seguir el consejo de Kenny Rogers en la canción *The Gambler*, que dice: "Nunca cuentes tu dinero mientras estés en la mesa, habrá tiempo para contarlo cuando termine la partida".

Se necesita una cara de póquer auténtica para ganar al póquer.

Éste es el lado opuesto del mito "conviene retirarse cuando se está ganando". Si el juego es bueno y usted está jugando bien, debe seguir jugando. Si la partida es mala, váyase aunque esté ganando.

Si uno no cuenta en la mesa el dinero, nunca sabrá a qué atenerse. Casi todos los buenos jugadores están siempre al tanto de su progreso mediante el conteo de su dinero. Al fin y al cabo, ¿de qué otro modo puede llevar la cuenta?

De hecho, puede poner cara de póquer o mostrarse muy animado, siempre y cuando no revele la fuerza de su mano.

Capítulo 13

Conocimientos adicionales sobre el póquer

. . . .

En este capítulo

▶ Explorar el zen del póquer

▶ Embarcarse en un plan de aprendizaje

▶ Diez consejos para ganar al póquer

. . . .

Muy bien. ¿Y ahora qué sigue? Aunque apreciamos sinceramente el hecho de que usted haya comprado y leído diligentemente *Póquer para Dummies*, sería presuntuoso de nuestra parte creer que basta con este libro para dominar el juego. No es fácil dominar el póquer —ni cualquier otra cosa, de hecho—, y si bien esperamos que este libro le haya dado unas bases de conocimiento sólidas, no se va a convertir en un excelente jugador de la noche a la mañana.

Para aprender a jugar bien necesitará más herramientas y también un plan de acción. Pero por lo menos ya está bien encaminado.

El proceso de aprendizaje zen

Se puede aprender a jugar al póquer de muchas maneras. Hasta hace poco, la mejor manera de hacerlo —de hecho la única— era a fuerza de golpes. Alguien le enseñaba cómo jugar y luego usted se sentaba ante una mesa y perdía dinero, en el mejor de los casos habiendo adquirido algunos conocimientos como parte del proceso.

Algunas personas todavía aprenden así. Y aunque es posible aprender a jugar basándose en la intuición, muchos de los jugadores que han aprendido a base de golpes siguen cometiendo los mismos errores que han cometido a lo largo de la vida. Aunque la experiencia puede ser un buen maestro, en los últimos diez años una buena parte de la teoría del póquer se ha publicado en libros y otros medios de comunicación, y sería tonto no aprovechar esta circunstancia.

El aprendizaje del póquer tiene un cierto sabor a zen. Incluso si fuera posible aprender toda la teoría que existe sobre el póquer, parte de esa teoría no tendría mucho significado porque de todos modos se requiere tener determinados conocimientos de base para poder utilizar bien cada nueva capa de pensamiento que se genera o se adquiere.

Ese conocimiento "por capas" es una de las razones por las que reviste crucial importancia aprender los fundamentos del póquer. Así se consigue una base para entender y ubicar en perspectiva toda la información que se aprende. El conocimiento sin contexto no es muy útil y, al fin y al cabo, el póquer no es ni abstracto ni teórico; por el contrario, requiere la aplicación práctica de los conocimientos y la teoría.

La aplicación del conocimiento en un contexto dado se suele llamar *know-how*, y el póquer es un juego de *know-how* que se aprende mejor pasando por ciclos de estudio, juego y reflexión... una y otra vez.

Un plan de aprendizaje

Quizá todos los caminos conduzcan a Roma, pero algunos de ellos están llenos de baches y otros tienen demasiados desvíos. ¿Quiere iniciar el proceso de aprendizaje? La mejor manera de convertirse en un buen jugador de póquer en un lapso relativamente corto es seguir el plan que esbozamos en esta sección. Es un proceso de inmersión. Estudie textos especializados, utilice su computadora, participe en partidas simuladas, lea revistas, ingrese en grupos de discusión en Internet, juegue partidas reales y reflexione sobre el póquer.

Aunque este proceso le dará un buen impulso a su aprendizaje, no olvide que nunca dejará de aprender. Siempre habrá algo nuevo sobre el juego que le convendrá aprender, y para llevarles ventaja a sus adversarios tendrá que seguir aprendiendo todo el tiempo. Si no está aprendiendo es porque se está rezagando y, en ese caso, sus contrincantes terminarán por superarlo. Después de dominar los fundamentos del póquer, sólo una tenue línea separa a los ganadores sistemáticos de aquéllos que pierden más de lo que ganan. Cuando la brecha es estrecha, no puede darse el lujo de darles ventaja a sus oponentes y esperar seguir ganando.

Lea libros para principiantes

No tiene sentido estudiar con libros para jugadores de nivel avanzado sin conocer primero las bases del juego. Es preciso avanzar por etapas, así que la compra de este libro fue una decisión acertada. Al fin y al cabo, usted aprendió aritmética antes que álgebra, y en el colegio leyó primero *Caperucita Roja* y después *Guerra y paz*.

Lea revistas especializadas

El mundo internacional del póquer cuenta en la actualidad con dos destacadas revistas especializadas: la más antigua es *Card Player Magazine* y la otra es *Poker Digest*. Ambas se publican quincenalmente en Las Vegas; con ellas tendrá algo nuevo para leer de forma periódica acerca del póquer.

Como las revistas se distribuyen con frecuencia en los casinos que sacan publicidad en sus páginas, es muy posible que pueda conseguirlas gratis si vive en una zona en donde haya casino con sala de póquer. De lo contrario, puede suscribirse y mantenerse al tanto de todo lo que sucede en el mundo del póquer. Investigue, además, qué revistas especializadas se editan en su sitio de residencia.

Utilice su computadora

La informática es una excelente herramienta para aprender sobre el póquer, motivo por el cual dedicamos todo un capítulo a esa maravilla electrónica (vea el capítulo 10). No sólo existen numerosos programas que simulan juegos por dinero y que le ayudarán a jugar mejor, sino también *software* con el que también podrá practicar el juego en un ambiente de torneo.

Así mismo, podrá jugar al póquer IRC (Internet Relay Chat). Aunque el póquer IRC no se juega por dinero de verdad, descubrirá que estas partidas y torneos son un excelente sistema para mejorar el juego y entablar conversaciones con otros jugadores.

Además, el grupo de noticias `rec.gambling.poker`, o RGP, ofrece un foro de discusión de temas relacionados con el póquer. Es un excelente lugar para enterarse de las recomendaciones de algunos de los principales profesionales del póquer que a veces participan en ese foro.

Fuera del RGP, hay muchos otros sitios dedicados a los debates sobre temas relacionados con el póquer. Two Plus Two Publishing, que publica los libros de Mason Malmuth, Ray Zee y David Sklansky, entre otros, mantiene un grupo de discusión moderado en `www.twoplustwo.com`. Muchos jugadores participan en discusiones en ambos sitios, y a menudo una discusión que empieza en un foro se abre camino hasta el otro.

Otro sitio que vale la pena visitar es `www.conjelco.com`. Es al mismo tiempo una fuente de información y una librería en línea dedicada exclusivamente a la literatura sobre juegos. ConJelCo publica los libros de Lee Jones y Lou Krieger, vende todo tipo de publicaciones sobre póquer e incluso ofrece un boletín de noticias *online* a quienes lo soliciten. Esta publicación, denominada *The Intelligent Gambler*, incluye artículos escritos por algunos de los teóricos de póquer de mayor renombre en el mundo.

En español, es muy recomendable la web
www.poquer-red.com, donde encontrará información muy completa: artículos, notas de actualidad
sobre el mundo del póquer, un foro en el que puede
compartir e intercambiar puntos de vista con otros
jugadores, y muchos recursos más.

Juegue al póquer

Para aprender sobre póquer, también lo tiene que jugar. Ése es el propósito de tanto estudio. Pero cuando
juegue, es importante que no pierda de vista lo que
ha leído y experimentado en partidas simuladas. No
podrá recordar todo lo que ha leído ni aprovecharlo
completo en una partida real. Sin embargo, si recuerda aunque sea parte de la teoría que ha estudiado y
la aplica en una partida, llegará a convertirse en un
mejor jugador.

Reflexione sobre el juego

Cuando se retire de la mesa, dedique algo de tiempo
a reflexionar sobre el juego. Y cuando lo haga, no se
concentre en el momento en que a alguien le salió
una carta milagrosa y le arrebató a usted un pozo
grande. Más bien reflexione sobre la manera en que
jugó. Piense en las acciones que pudo controlar. Piense en la información que leyó en los libros y evalúe si
jugó bien o mal. Examine qué hizo mal y propóngase
rectificar sus errores la siguiente vez.

No es posible controlar todos los elementos en una
partida. Su oponente puede cometer todo tipo de
equivocaciones y aun así tener suerte. Esas cosas su-

ceden y no hay nada que pueda hacer para evitarlo.
De hecho, debe alegrarse si un mal jugador se queda
cuando en realidad se ha debido retirar, y gana con
una mano muy arriesgada. Al fin y al cabo, si sigue
jugando así, el dinero que ganó no le durará mucho;
estará sólo de paso.

A largo plazo, los buenos jugadores les ganan a los
malos jugadores y eso es algo que usted no debe olvidar sólo porque perdió un pozo que estaba seguro
de poder llevarse. Lo recuperará con creces si piensa
en las veces en que un jugador mediocre seguirá
haciendo apuestas arriesgadas sin que lo acompañe
la suerte. A largo plazo, a usted le irá mejor cuando
es el favorito y sus oponentes tienen menos probabilidades de ganar. Como el póquer tiene un elemento
importante de suerte a corto plazo, en realidad no
importa si una única jugada tiene éxito. Lo importante es saber cuándo una expectativa positiva se asocia
con una jugada en particular.

Otros recursos importantes

Además del aprendizaje en libros y revistas, se requieren otras características para convertirse en un
jugador exitoso. En el juego desempeñan un papel importante el temperamento, la integridad, la firmeza de
propósito, la flexibilidad, la premeditación y la dedica-
ción. Igual que ocurre con casi cualquier otro empeño
del ser humano, es bueno tener talento, pero también
son importantes el carácter y la perseverancia.

Parte V
Los decálogos

"DISCÚLPANOS, EDUARDO. SI LO HUBIÉRAMOS PENSADO MEJOR, NO TE HABRÍAMOS PEDIDO QUE BARAJARAS".

En esta parte...

*T*odos los libros de la serie *...para Dummies* terminan con varias listas de diez elementos, y éste no es la excepción. En esta parte les ofrecemos a los lectores diez consejos para interpretar las acciones de sus oponentes, además de otra lista útil de diez recomendaciones, y la biografía de diez legendarios jugadores de póquer.

Capítulo 14

Diez maneras de interpretar las pistas de sus oponentes

*E*l póquer es una brillante mezcla de estrategia y psicología; en verdad, no hay nada que se le parezca. Sin embargo, en comparación con la estrategia, ¿qué importancia tiene en el póquer la psicología? Pues bien, lo cierto es que se puede ganar sin entender la psicología del juego, pero no se puede ganar sin entender la estrategia. Por consiguiente, es importante aprender primero los fundamentos. ¡Pero aguarde! Vamos a decir algo que a primera vista parece contradictorio: ¡la psicología puede reportarle la mayor parte de las ganancias que obtendrá en el póquer!

Esta afirmación es correcta porque después de que domine los fundamentos del póquer, ya habrá recorrido la mayor parte del camino que lo llevará a convertirse en un buen jugador en lo que respecta a la estrategia. Desde luego, podrá mejorar, pero la diferencia entre una excelente estrategia y una estrategia perfecta no le significará mucho más dinero... a menos que esté jugando contra oponentes de categoría mundial, algo que no recomendamos. Lo que sí le llenará la cartera de dinero extra es introducirse en las mentes de sus contrincantes y hacerlos igualar su apuesta cuando usted tiene la mejor mano.

En este capítulo aprenderá sobre un poderoso aspecto de la psicología del póquer, que se denomina *pista*. Las pistas le permiten determinar, por ejemplo, si su oponente está blofeando. Si observa el lenguaje corporal y verbal de su adversario, a menudo sabrá con sorprendente exactitud qué cartas tiene.

Hay dos tipos de pistas:

- ✔ Las que provienen de adversarios que no saben que están dando una pista.
- ✔ Las que provienen de "actores" que saben que están dando una pista y lo hacen con la intención de engañarlo.

Por consiguiente, primero debe decidir si su contrincante está actuando. De ser así, determine qué está tratando de inducirlo a hacer y luego haga (por lo general) todo lo contrario.

Sus oponentes actúan porque el póquer los ubica en un escenario poco familiar. Saben que tienen que actuar para ocultar sus manos, pero no saben cómo hacerlo. Por lo tanto, casi todos los jugadores débiles y de nivel intermedio prácticamente le darán su dinero actuando por lo general contrariamente a la fuerza real de sus manos: cuando tienen una mano fuerte, fingen que es débil; cuando la mano es débil, fingen que es fuerte.

No hay necesidad de matricularse en una academia de actuación para aprender las pistas reveladoras. Métase en la mente de sus oponentes siguiendo las pautas de nuestra lista de las diez pistas principales.

Mano temblorosa

Las manos que tiemblan no fingen. Según una teoría popular, si uno ve a alguien a quien le empieza a temblar la mano cuando hace una apuesta, significa que está nervioso porque muy probablemente está blofeando.

La verdad es que pocos jugadores se esfuerzan por denotar nerviosismo y es difícil fingir un temblor genuino, de modo que si a alguien le tiembla la mano, probablemente es porque completó una mano muy fuerte; de hecho, posiblemente la mano es invencible o casi invencible. Lo que usted está viendo es una liberación de la tensión, seguida por la angustia de la espera mientras aguarda una reacción.

Algunos jugadores siempre están nerviosos; temblarán, ya sea que hayan completado una mano fuerte o no. La pista de la que hablamos se refiere a un temblor repentino. Nos referimos al jugador que antes se veía calmado y súbitamente empieza a temblar. Este comportamiento es especialmente sospechoso si el jugador parece estar tratando de controlar el temblor y no lo logra.

Temblar repentinamente no es un blof, porque los jugadores que blofean se obligan a aparentar una calma que no es natural y casi no se mueven. Tienden a darse cuenta instintivamente de que cualquier cosa que hagan podría parecerle sospechosa al oponente y podría propiciar lo que llamamos el *reflejo de igualar*.

El reflejo de igualar es algo que les ocurre a casi todos los jugadores que acuden a la mesa de póquer por la emoción de ver una confrontación, o *showdown*, y tienden a igualar y a no retirarse. Buscan cualquier excusa para igualar una apuesta, y la mayoría de quienes blofean se dan cuenta de esto y no hacen nada para propiciar ese reflejo. Así pues, quienes blofean permanecerán inexpresivos, como estatuas. Si ve una mano que tiembla súbitamente, no es algo fingido sino una liberación involuntaria de energía cuando se completa una buena mano. A menos que usted tenga una mano muy fuerte, no iguale.

Nerviosismo

El nerviosismo y la inquietud casi nunca son fingidos. Los jugadores pueden manifestar impaciencia. A veces verá a un jugador tamborilear con los dedos rítmicamente sobre la mesa. Apuesta. El tamborileo continúa. Usted acerca la mano a sus fichas. ¡El tamborileo se detiene!

¿Qué significa eso? Por lo general quiere decir que el apostador tiene una mano débil o está blofeando y no quiere igualar. Un jugador que en verdad tenga una mano buena por lo general seguirá relajado ante una igualada inminente. Cuando no dudamos si conviene igualar o retirarnos, a menudo utilizamos la técnica de hacer el amago de alcanzar las fichas para ver la reacción de una persona nerviosa. Ya sea que tamborilee sobre la mesa o debajo de ella, igualamos si esa acción se detiene súbitamente, pues consideramos que hay muchas probabilidades de blof. Si no se detiene, nos retiramos.

Encogimiento de hombros y tono quejumbroso

El encogimiento de hombros y los tonos quejumbrosos no son más que una actuación. Si un jugador se encoge de hombros, suspira y dice "apuesto" con un tono de voz quejumbroso, usted debe tener una mano fuerte para igualar. Ese jugador se está esforzando por transmitir tristeza.

¿Por qué hace eso? Si en verdad tuviera una mano débil o estuviera blofeando, ¿se esforzaría tanto por hacerlo saber? ¡Desde luego que no! Se muestra así porque espera que usted crea que tiene una mano débil. Pero recuerde: cuando su adversario finge, débil en realidad significa fuerte. Los encogimientos de hombros y los tonos de voz quejumbrosos son indicaciones claras de una mano fuerte.

Cambios en la respiración

Un cambio en el patrón de respiración no es fingido. Esta pista inconsciente es una de las más reveladoras.

Si usted está sentado cerca de su oponente, a menudo podrá escuchar esta pista. Pero incluso si está del otro lado de la mesa, a veces puede detectar el cambio en los movimientos del diafragma de esa persona.

Los jugadores que completan manos fuertes tienden a emocionarse y necesitan respirar más rápidamente. Por el contrario, los jugadores que blofean tienden a disfrazar su respiración y a veces la contienen. Temen que cualquier cosa que hagan impulse en su adversario el reflejo de igualar, de modo que se quedan muy quietos y apenas si respiran.

Apuestas desviadas

Una apuesta desviada es una actuación. Si la acción tiene tres jugadores o más, lo más probable es que a su oponente le preocupe sobre todo el jugador que parece más amenazante. Si usted parece tener la mano más fuerte, con base en las cartas expuestas y las acciones previas, entonces usted será el objetivo principal.

¿Y qué sucede si un contrincante concentra su atención en otro jugador que no parece representar el riesgo más grande? ¿Y si el oponente luego dirige su apuesta a ese otro jugador? ¿Qué está pasando? Pues que se ha producido una apuesta desviada y usted tiene todo el derecho de pensar, "¿y yo qué?"

Esta apuesta desviada por lo general significa que el jugador le está tratando de convencer de que no le preocupa su mano sino algo que percibe en otro lugar y que es incluso más poderoso. Pero si usted no puede ver esa otra amenaza, más vale concluir que la apuesta desviada es una actuación. No se debe dejar intimidar hasta el punto de retirarse. De hecho, si estaba dudando entre igualar y aumentar, quizás le convenga aumentar.

Énfasis excesivo

Un énfasis excesivo en un movimiento de apuesta es una actuación. Es una de las pistas más difíciles de detectar y es preciso entrenarse para percibirla. No nos referimos a las apuestas conspicuamente exageradas; esas apuestas pueden ser un intento de atraer una igualada suya o una advertencia falsa de no igualar, dependiendo del oponente y de la situación. Aquí estamos hablando de algo más sutil.

Observe bien el acto de apuesta. Si el movimiento es suave pero al final hay un gesto adicional, quizás un chasquido de los dedos al soltar las fichas, es un énfasis adicional que por lo general denota debilidad. El oponente está blofeando o se siente incómodo con respecto a la fuerza de su mano. Ese gesto se dio porque pensó en el último instante que no estaba haciendo parecer su apuesta suficientemente fuerte. ¿Por qué le habría de preocupar eso? Sólo porque la mano no era lo suficientemente fuerte como para que se sintiera cómodo con la apuesta.

Así pues, cuando perciba un énfasis adicional al final de una apuesta, trate de igualar con más frecuencia que de costumbre.

Mirar hacia otro lado

Mirar hacia otro lado por lo general es actuación. Un jugador que no le mire tiende a ser más peligroso que otro que sí le mire. Cuando vea a un jugador que parece no observar la acción y pone cara de distraído, tenga cuidado. Ahí sólo caben dos posibilidades: o bien al jugador en verdad no le interesa lo que está ocurriendo —¿y entonces para qué arriesgar una apuesta—, o bien está fingiendo para engañar a los demás. No se deje embaucar. A menos que tenga una mano muy fuerte, pase y retírese después de que su rival apueste. Si apuesta con una mano medianamente fuerte o peor, es posible que se la suban. Y procure no blofear ante un jugador que mira hacia otro lado.

Mirar fijamente

Cuando le toque a usted el turno de actuar, lo más probable es que un oponente le esté mirando fijamente. Esto, por lo general, constituye un reto, un intento de evitar su apuesta mediante la intimidación. El adversario quizás iguale, pero casi nunca subirá. Esto significa que usted puede apostarle con impunidad a cualquier mano medianamente fuerte, sin temer que le suban la apuesta.

Así pues, en vez de dejarse intimidar por un adversario que le mira fijamente, piense que puede hacer más apuestas aunque tenga manos que no sean tan fuertes.

Reacciones después de mirar las cartas

Cuando sus contrincantes miran las cartas, por lo general no fingen porque no creen que estén siendo observados. Es tonto que mire sus cartas mientras sus adversarios están examinando las propias. Sus cartas seguirán en donde están, y si las mira ahora, se perderá de algunas de las pistas más valiosas en el póquer.

Observe si sus oponentes les echan un rápido vistazo a las fichas tras haber observado las cartas. Esta pista por lo general significa que les gustó lo que vieron y planean apostar. Esto es especialmente cierto si echan un vistazo a las fichas y enseguida miran descaradamente hacia otro lado, como si no les interesara lo que está sucediendo. Creen que esta última parte —mirar hacia otro lado— es lo que usted verá después de que haya mirado sus propias cartas. Recuerde, los jugadores que miran hacia otro lado por lo general tienen manos fuertes.

Por otro lado, es posible que su oponente no se tome el trabajo de mirar hacia otra parte. Simplemente echará un rápido vistazo a las fichas y si usted no está atento, no se dará cuenta. Ésta es una pista especialmente reveladora en el *flop* del Texas Hold'em. Observe a sus adversarios cuando miran el *flop*. No es esencial que usted lo vea en ese instante. Ahí seguirá. Además, observe cuando los otros jugadores miren sus manos iniciales. Cuanto más tiempo miren, más probable es que sus manos sean débiles y estén simulando interés. Por el contrario, si el contrincante mira y reconoce una mano fuerte, por lo general la cubrirá rápidamente y luego fingirá haber perdido interés en llevarse el pozo.

Estirar la mano hacia las fichas

Estirar la mano hacia las fichas anticipando la apuesta de otra persona suele ser una actuación. Si bien los jugadores débiles y los principiantes con manos fuertes a veces estiran la mano antes de que les toque el turno, los jugadores con experiencia no lo hacen.

Si está pensando apostar con una mano regular, observe si su oponente estira la mano hacia las fichas cuando usted hace un movimiento hacia su propia pila de fichas. De ser así, es muy probable que se trate de un acto deliberado, cuya intención es impedir que usted apueste. Eso significa que podrá apostar sin mayores problemas manos que habrían sido demasiado arriesgadas si no hubiera sabido que su adversario no quería que usted lo hiciera.

Un último consejo

El siguiente es un consejo adicional sobre la interpretación de pistas: no ceda a la frustración. La mayoría de las pistas no son exactas. Es preciso utilizarlas como un refuerzo adicional para tomar decisiones, así como es preciso observar las cartas que están sobre la mesa. Pero no debe perder de vista que si bien las pistas son un factor muy poderoso, apenas son un factor.

Finalmente, no se concentre al mismo tiempo en demasiados jugadores. Le recomendamos que enfoque la atención en un solo adversario hasta que se sienta a gusto leyendo las pistas de ese jugador. Tratar de ver todo puede ser tan abrumador que termine no viendo nada.

(Este capítulo recoge consejos del legendario "genio loco del póquer", Mike Caro. Caro es el fundador de la Universidad Mike Caro de Póquer, Apuestas y Estrategia de Vida, con sede en el Hollywood Park Casino. También es autor de varios libros de póquer, entre ellos *Mike Caro's Book of Tells – The Body Language of Poker*.)

Capítulo 15

Diez claves para el triunfo

• •

*E*n las librerías abundan los libros de autoayuda. Seminarios de todo tipo prometen enseñarle cómo triunfar en los negocios, en el amor y en su vida personal. Algunos de estos mismos principios también le ayudarán a ganar en la mesa de póquer. A continuación presentamos diez consejos sobre los cuales quizá le interese reflexionar.

Conozca sus puntos fuertes y débiles

Una imagen extravagante en la mesa de póquer puede funcionar para algunas personas pero no para otras. Algunos jugadores son más aptos para torneos, otros para partidas corrientes. Juegue su mejor juego dentro de los límites de su zona de comodidad. En otras palabras, conózcase bien y haga lo que sabe hacer.

Actúe con responsabilidad

Lo que logre en el póquer será el producto de su juego. Desde luego, la suerte es un factor importante, por lo menos a corto plazo. A largo plazo, por lo general se equilibra. Pero si no reconoce la responsabilidad que le atañe a usted por los resultados que obtiene, no podrá ejercer suficiente control sobre sus destrezas para garantizar el éxito.

Piense

No se limite a jugar al póquer; es preciso que también piense en el juego. Si no hace sus deberes de una manera sistemática, estará tan sólo pasando el tiempo. Tiene que mantenerse al tanto de las publicaciones especializadas, y tiene que pensar en el juego. Piense en ello cuando esté sentado a la mesa de juego y también en otros momentos. Analice manos que haya visto. Piense si usted las hubiera jugado de otro modo, y de ser así, por qué. El aprendizaje del póquer, igual que casi cualquier otro aprendizaje, es un proceso recursivo. Piense, analice y modifique su juego. Y repita el proceso cuantas veces sea necesario.

Diseñe un plan

¿Cuál es su meta como jugador de póquer? ¿Quiere divertirse y simplemente no perder dinero? ¿Quiere ser un excelente jugador de torneo? ¿O quiere ser el mejor jugador de su región? ¿Cuánto está dispuesto a arriesgar? Debe diseñar un plan. Sin un plan que lo guíe, ¡lo más probable es que termine siendo un peón en el juego de otro!

Establezca cronogramas

Si su meta es jugar en promedio treinta horas a la semana, hágalo. Si planea releer *Póquer para Dummies* hasta que se lo sepa de memoria, establezca un cronograma de lectura y cúmplalo. Si perdió todo el dinero que había destinado al póquer y necesita reconstruir su banca antes de volver a un casino, determine cuánto tiempo le tomará hacerlo, diseñe un plan y consiga el dinero que requiere para reincorporarse al juego.

Sea realista

Si su meta es ganar las Series Mundiales de Póquer el año próximo pero nunca ha jugado un juego de límite alto, no espere lograrlo con la simple lectura de este libro. Seamos realistas. Aunque estos autores son excelentes maestros, todavía no han adquirido un dominio completo.

En vez de alimentar sus fantasías, empiece por una meta exigente pero factible de alcanzar. Cuando la cumpla, podrá fijar otra meta más difícil. Quizás quiera fijarse la meta de participar semanalmente en uno o dos torneos no muy costosos, o en los torneos satélite que por lo general son parte de los torneos principales. Si no le va bien allí, siga intentando. Pero guarde su dinero. Es probable que todavía no esté listo para invertir grandes sumas en cuotas de entrada en eventos importantes.

Anticipe dificultades

Durante el período en que está luchando, aprendiendo y buscando un nivel más alto de habilidad, sucumbirá a todos sus fallos como jugador de póquer. Sólo porque ya leyó todos los libros escritos por expertos, no se engañe pensando que va a jugar tan bien como ellos. Todo jugador sobresaliente ha luchado por alcanzar el nivel de éxito que ahora tiene. Usted tendrá que hacer lo mismo. Los videos de golf no lo convierten en un Tiger Woods, las monografías sobre ajedrez no lo convertirán en un Gary Kasparov y *Póquer para Dummies* no lo convertirá en un Doyle Brunson. Los mejores libros sobre póquer le enseñarán la teoría. ¡La práctica le corresponde a usted!

Acumule logros pequeños

Si todavía no es un ganador pero estudia con empeño, pone en práctica lo que lee e integra estas estrategias en su estilo de juego, comprobará cómo mejora. Tal vez no pueda ganarse la vida jugando, pero por lo menos no perderá dinero. Siga haciendo lo que le funcione mejor y verá cómo el éxito se va construyendo de a poco.

No permita que lo desanimen los pequeños inconvenientes. Ya sabe que debe anticipar dificultades. Si juega mal, rectifique la próxima vez. Sin embargo, si se encuentra diciendo "esta única vez no me hará daño", se equivoca. Sí le puede hacer daño y lo hará. Tiene que concentrarse en lo que produce logros: jugar una mano débil o seguir malas corazonadas —o simplemente

jugar por hacerlo— equivale a perder premeditada-
mente; si lo hace, sólo usted tendrá la culpa.

Persista

Es necesario persistir. El dicho "el noventa por ciento
del éxito consiste en ensayar" tiene mucho de verdad. Debe seguir jugando, practicando y acumulando
pequeños éxitos. Cada vez que alcance alguna de sus
metas, saboree el momento. Luego, fíjese rápidamente una nueva meta.

Intente visualizar. Los golfistas visualizan la bola en
el *putt*; los beisbolistas visualizan el bate golpeando
la pelota; los jugadores de baloncesto visualizan el
aro creciendo y el balón entrando en él, tocando
únicamente la red. Mentalmente, imagínese haciendo
las jugadas correctas en la mesa de póquer. Cuando
sea capaz de visualizar estrategias en acción, verá
aumentar sus éxitos. Siga ensayando, practique su
mejor juego y continúe avanzando. Recuerde que algunos de sus oponentes también estarán mejorando.
Si no progresa sistemáticamente, lo más probable es
que esté retrocediendo en relación con sus rivales.

Diviértase

Diviértase mientras juega. El tiempo que se dedica al
póquer es opcional. Nadie le está apuntando con una
pistola. Si no disfruta del póquer, no juegue. Aunque
en la vida nos toca beber muchos tragos amargos,
debemos disfrutar lo que escogemos hacer. Si no es

capaz de disfrutar cuando juega, quizás convenga que busque una manera mejor de invertir su tiempo y su dinero.

Hay jugadores que se pasan el día quejándose. Algunos llevan años haciéndolo. Pareciera que nunca están contentos. ¿Por qué se molestan en jugar si no lo disfrutan? Este estilo de preguntas es difícil de responder. Pero los jugadores descontentos por lo general representan ganancias para usted. De modo que diviértase cuando juegue, o busque algo más placentero para ocupar su tiempo. Si tiene que luchar contra sí mismo además de enfrentarse a sus oponentes, no tendrá éxito como jugador de póquer.

La información que presentamos en este capítulo es muy sencilla, y es tan válida para la vida como lo es para el póquer. Mírese a sí mismo, observe su entorno, fíjese metas, afronte los reveses inevitables, ensaye, diviértase y triunfe. A veces es así de sencillo.

Capítulo 16

Diez leyendas del póquer

• •

En este capítulo

▶ Stu Ungar

▶ Johnny Moss

▶ Jack "Treetop" Straus

▶ Benny Binion

▶ "Amarillo Slim" Preston

▶ Doyle Brunson

▶ Johnny Chan

▶ Phil Hellmuth, Jr.

▶ Chris Moneymaker

▶ Juan Carlos "Matador" Mortensen

• •

*E*l póquer es el único juego en el que podrá poner a prueba sus habilidades un día cualquiera, contra los mejores jugadores del mundo. En cualquiera de los cientos de grandes torneos de póquer que se celebran todos los años, usted podría toparse con ex campeones mundiales como Phil Hellmuth, Jr., Huck Seed o Juan Carlos Mortensen. ¿Ha oído hablar de ellos? ¿Y de T. A. Preston? ¿Le suena familiar ese nombre? Preston es más conocido como "Amarillo

Slim". Si su juego favorito es el Texas Hold'em sin límites, existe la posibilidad de que le suba la apuesta nada menos que Johnny Chan, quien figuró en la película *Rounders*. ¡Chan fue campeón en dos ocasiones consecutivas en las Series Mundiales de Póquer!

Si va a Las Vegas, podría toparse con Doyle Brunson, también conocido como "Texas Dolly". Es una leyenda viva y ha sido campeón mundial en dos ocasiones. Con sólo entrar en los casinos de Las Vegas, Los Angeles, Atlantic City o Londres, por mencionar tan sólo unos cuantos, verá jugadores que han estremecido el mundo del póquer y han hecho temblar de emoción a millones de espectadores que los han visto por televisión.

¿Qué distingue a una "leyenda" del póquer de otros jugadores que quizás sean similarmente exitosos? Otorgarle estatus de leyenda a un jugador significa que éste alcanzó un cierto nivel de logros en el mundo del póquer que le ha merecido el respeto universal de sus colegas. Las leyendas del póquer son ampliamente admiradas porque por lo general ganan (o han ganado) mucho dinero. También suelen ganar (o han ganado) los principales torneos en su carrera profesional. Su juego es temido y venerado. Tienen una atractiva imagen pública y adquieren estatus de celebridades en los círculos de póquer cuando entran en un salón y se sientan a jugar. Una persona así es una leyenda del póquer. Posiblemente escuche mencionar algunos de estos nombres durante su carrera como jugador de póquer, en especial los de las jóvenes superestrellas que hoy dominan la competición en los torneos. Como oirá hablar de ellos en las mesas de póquer, vale la pena que conozca algo sobre la interesante historia de este juego y descubra por qué estos jugadores en verdad son especiales.

Stu Ungar

A finales de los años setenta, Stuey "the Kid" Ungar irrumpió en los círculos de póquer de Las Vegas con la fuerza de una tempestad. En materia de estrategia, Ungar era revolucionario. El póquer no ha sido el mismo desde entonces. Desde chico en su ciudad natal de Nueva York, Ungar era experto en la mesa de juego. Antes de convertirse en campeón de póquer, ya había revolucionado el mundo del *gin rummy*. Tenía tanto talento que, ya adolescente, no encontraba oponentes dispuestos a jugar por dinero. Por lo tanto, a los veinticuatro años de edad Ungar se mudó a Las Vegas y de inmediato se incorporó a las partidas de póquer más ambiciosas que encontró.

Ungar ganó las Series Mundiales de Póquer y el Super Bowl de Póquer en tres ocasiones en cada categoría (ningún otro jugador ha ganado ambos eventos ni siquiera una vez). Pero la genialidad que lo impulsaba también lo destruyó. Ungar tenía un estilo de vida extravagante y un temperamento juguetón, y sus excentricidades se veían amplificadas por ganancias astronómicas y pérdidas devastadoras. Aunque en la mesa era un jugador brillante, tenía muchos problemas personales. Esto finalmente lo condujo a una muerte trágica en 1998, cuando tenía apenas cuarenta y cinco años de edad.

Johnny Moss

A Johnny Moss le decían "The Grand Old Man" por una buena razón: jugó al póquer casi todos los días de su vida, hasta cuando cumplió ochenta y nueve años. Oriundo de Texas, Moss jugó en el famoso circuito *underground* en salones de juego ilícitos del sur de Estados Unidos durante la Gran Depresión, y acabó por adquirir una merecida reputación como uno de los mejores profesionales itinerantes del mundo. Fue el primero en lanzar el concepto del póquer como un evento para espectadores y participó en el que fue quizá el mejor mano a mano de todos los tiempos, el duelo de 1949 en Fremont Street, Las Vegas, cuando se enfrentó a Nick "the Greek" Dandalos en una maratón de Stud de cinco cartas que se prolongó por espacio de veintiún semanas.

Moss se mudó después a Las Vegas y jugó en Dunes, que durante muchos años fue la meca del póquer de grandes apuestas. Ganó tres veces las Series Mundiales de Póquer (el único jugador, además de Stu Ungar, que fue campeón en tres ocasiones). Si las Series Mundiales se hubieran iniciado años antes, quién sabe cuántos campeonatos mundiales más se habría podido ganar. Falleció en 1997.

Jack "Treetop" Straus

Todo el mundo apodaba a Jack Straus "Treetop" porque medía 1.98 metros y tenía una larga barba poblada. Era un hombre adorable, con su enorme figura y una fama bien ganada de apostar a diario hasta el último dólar que tenía en el bolsillo. Straus solía cargar mucho dinero, a veces hasta miles de dólares, metidos sin mayor cuidado dentro de una bolsa de papel. En más de una ocasión perdió la bolsa y se quedó sin un duro. Solía restarles importancia a estas pérdidas diciendo, "así es la vida". Fue un excelente jugador

de Texas Hold'em sin límites, sin duda uno de los
mejores de su época. En 1982 ganó el campeonato
mundial de póquer. Durante muchos años el Frontier
Casino de Las Vegas celebró un importante torneo
que llevaba su nombre y que atraía a los mejores jugadores. Murió de un infarto en 1988 en Los Angeles,
en medio de una partida de póquer de apuestas altas.
Seguramente falleció con una sonrisa en los labios,
haciendo lo que más le gustaba: jugar al póquer.

Benny Binion

Benny Binion, uno de los grandes patriarcas de Las
Vegas, empezó su carrera en la década de 1930 con
venta ilegal de licor de contrabando y juegos ilícitos
de apuestas en Dallas. Binion llegó a Las Vegas en 1946
(hay quienes dicen que buscaba evadir una acusación
de asesinato en Texas) y compró el deteriorado casino Eldorado. Lo rebautizó como Binion's Horseshoe y
el local pronto se convirtió en el epicentro del juego
de apuestas. El Horseshoe no era para turistas corrientes: era un lugar para tahúres de verdad.

Durante más de cuatro decenios, Binion sostuvo una
oferta pública: decía estar dispuesto a aceptar una
apuesta de cualquier magnitud de quienquiera que
entrara en su casino. Varios excéntricos se sintieron
atraídos por esta oferta y hay muchas historias,
todas ciertas, de personas que llegaban con valijas
llenas de billetes para jugarlos a los dados. Pero lo
que más le gustaba a Binion era el póquer.

En 1970 Binion trató de imitar el exitoso mano a
mano entre Johnny Moss y Nick Dandalos unos

veinte años atrás. Invitó a los mejores jugadores de póquer al Horseshoe para lo que describió como un campeonato mundial. Así nacieron las Series Mundiales de Póquer. Ahora, transcurridos más de treinta años, el evento anual en Binion's Horseshoe sigue siendo el principal torneo de póquer en el mundo, y el sueño de todo jugador que se respete. Binion falleció en 1989 pero su familia sigue al frente del casino.

"Amarillo Slim" Preston

Slim es quizá el jugador de póquer más famoso del mundo, amable y con un carisma natural. Thomas Austin Preston nació en Arkansas y adquirió su memorable apodo muchos años después, cuando compró un rancho en el occidente de Texas con las ganancias que le reportó el juego.

Slim se midió en su carrera a otros jugadores legendarios de su época, entre ellos Doyle Brunson, Brian "Sailor" Roberts y Johnny Moss. Ganó las Series Mundiales de Póquer en 1972 y durante mucho tiempo siguió siendo una fuerza dominante en el póquer mundial. Además de sus habilidades en materia de póquer, quizá el verdadero genio de Slim haya sido su capacidad para comercializar su talento de una manera vistosa, entreteniendo a millones de espectadores y atrayendo nuevas generaciones con la emoción del juego.

Organizó durante muchos años lo que fue el segundo principal torneo de póquer, el Super Bowl de Póquer. En la actualidad vive en Amarillo y participa en muchos de los principales torneos de póquer.

Doyle Brunson

"Texas Dolly" nació en el polvoriento pueblo de Lonworth, al oeste de Texas, en 1933. Obtuvo una beca de baloncesto en la Universidad Hardin-Simmons y fue contratado por los (ex) Lakers de Minneapolis. Poco antes de incorporarse a la NBA se lesionó seriamente la rodilla y la historia del póquer (y quizás también la del baloncesto) cambió para siempre. Brunson, quien luego obtuvo un título en Educación, participó en el circuito de apuestas clandestino del sur, igual que muchos de sus contemporáneos del póquer, y ganó cientos de miles de dólares al tiempo que evadía la ley. Le robaron por lo menos una docena de veces.

Brunson ganó los campeonatos mundiales de póquer en 1976 y 1977. También quedó subcampeón en 1980. Ha ganado en total seis eventos en las Series Mundiales de Póquer, entre ellos su más reciente victoria, en 1998: el torneo de 7 Card Stud Razz (el Razz es una versión del Stud de siete cartas en la que gana la mano de valor más bajo).

En 1999 desafió nuevamente las probabilidades al llegar a la mesa final en el Torneo de Campeones inaugural, superando a casi quinientos jugadores más. También se le reconocen sus numerosas contribuciones al desarrollo del póquer. Escribió un libro que muchos consideran la "biblia" del póquer: *How I Won a Million Dollars Playing Poker* (también conocido como *Super/System: A Course in Power Poker*), publicado por primera vez en 1978. También escribió durante más de diez años una popular columna, *According to Doyle,* en la revista *Gambling Times.* En la actualidad vive en Las Vegas y sigue jugando casi todos los días en las principales partidas del famoso Bellagio.

Johnny Chan

Conocido como el "Oriental Express", Chan llegó a Estados Unidos, procedente de China, cuando tenía nueve años. Sus padres, que huyeron de los horrores de la Revolución Cultural, fundaron un restaurante en Houston. A los veintiún años de edad, Chan viajó a Las Vegas, en donde trabajó como cocinero en el Glitter Gulch, en Fremont Street. Al terminar su jornada laboral solía sentarse a jugar al póquer, a veces sin quitarse siquiera su delantal blanco. Finalmente reunió suficiente dinero para renunciar a su empleo de salario mínimo y se convirtió en jugador de póquer de tiempo completo.

Durante un decenio rotó entre las mejores partidas en Las Vegas y Houston, antes de ganar su primer campeonato mundial en 1987. El año siguiente, Chan volvió a ganar el título. En 1989 estuvo a punto de ganar su tercer campeonato mundial consecutivo, lo cual habría sido una hazaña sin precedentes. Sin embargo, quedó de subcampeón contra un joven participante primerizo de nombre Phil Hellmuth, Jr. Desde entonces Chan juega únicamente en partidas importantes, y en 1998 actuó en la película *Rounders*, sobre el póquer, protagonizada por Matt Damon.

Phil Hellmuth, Jr.

El autodenominado "niño mimado del póquer" es uno de los jugadores más intrigantes y controvertidos del medio. A veces hace gala de un nivel de ingenio bastante particular, incluso entre los grandes jugadores. En otras ocasiones juega tan mal que probablemente ni siquiera podría ganar una partida de poca importancia. Oriundo de Madison, Wisconsin, Hellmuth es hijo de un decano universitario. Empezó a jugar en serio cuando estudiaba en la Universidad de Wisconsin, donde pronto descubrió que le interesaba mucho más el juego que el estudio.

A la edad de veinticuatro años, Hellmuth participó por primera vez en las Series Mundiales. Asombró al mundo al ganarle a Johnny Chan, quien había sido campeón en los dos años previos, con lo que se convirtió en el ganador más joven en la historia del clásico anual de Binion's Horseshoe. Hellmuth es famoso por aterrorizar al circuito de póquer con rachas fabulosas. En 1991 figuró entre los primeros cinco en los eventos del Horseshoe, con lo cual entró a formar parte del Salón de la Fama del Póquer. Dos años después ganó tres eventos en las Series Mundiales, ¡todos en el mismo año! También ganó el campeonato del Salón de la Fama en 1995.

Como dato curioso, todos los triunfos de Hellmuth han sido en eventos de Texas Hold'em, pese a que normalmente participa en todos los juegos. En la actualidad, Hellmuth vive en el área de la bahía de San Francisco. Sigue jugando póquer de grandes apuestas y se le ve en la mayoría de los torneos importantes.

Chris Moneymaker

Chris Moneymaker —aunque no lo crea, Moneymaker (fabricante de dinero) es su verdadero apellido— convulsionó el mundo del póquer cuando ganó las Series Mundiales de Póquer en 2003. El póquer tenía otra cara entonces, y "Money", como lo llaman sus amigos, es el jugador emblema del cambio.

El 2003 fue el año en que se afianzó el póquer en Internet, y muchas de las personas que buscaban ingresar en los eventos de las Series Mundiales de Póquer lograron entrar jugando en línea. Así ingresó Moneymaker. Entró pagando una tarifa de ingreso de cuarenta dólares en un evento satélite en `pokerstars.com`, un popular sitio en línea, ganó el evento y, con ello, ganó también una entrada en el campeonato mundial. El triunfo de Moneymaker no sólo simboliza la mayoría de edad del póquer en Internet, sino también la posibilidad de que cualquiera se puede convertir en un excelente jugador desde la comodidad de su casa.

Moneymaker puede jugar al póquer con los mejores. Su triunfo en un complejo evento que duró cinco días es prueba de ello. Pero no es un profesional veterano de Las Vegas; de hecho, las Series Mundiales de Póquer fueron el primer torneo en el que jugó en un casino de ladrillo y cemento.

A medida que los ex campeones, los grandes profesionales del póquer y otros jugadores iban siendo eliminados a lo largo de los cinco días del evento, finalmente quedaron dos jugadores: Moneymaker y Sammy Farha, de Houston. Con sus amigos gritando "Go Money", ganó el evento con un *full* de cincos y cuatros. Farha tenía un joto y un 10 y terminó con un par de jotos.

El triunfo de Moneymaker contribuyó a revolucionar el póquer y a afianzar la popularidad del juego. "Tuve suerte. Hice bastantes blofs durante el torneo, pero de alguna manera lo logré", dijo Moneymaker, quien empezó a jugar al póquer hace apenas tres años.

En el mundo real, lejos del glamour rutilante de Las Vegas, Moneymaker es un sencillo contable de 27 años, de Tennessee, que tenía dos empleos para sostener a su esposa y su hija de tres meses cuando ganó el campeonato de póquer y se alzó con un premio de 2.5 millones USD. Cuando salió del anonimato del juego por Internet al ganar el más prestigioso evento del mundo del póquer, su vida cambió por completo. Gracias a esto ya no tiene dos empleos y su hija tiene garantizada su educación. Ah, y además ya no es un desconocido.

Moneymaker, quien donó 25,000 USD de su premio para la investigación sobre el cáncer, dijo: "Me subestimaron un poco porque nadie sabía quién era yo. Si yo puedo ganar, cualquiera lo puede hacer".

Juan Carlos "Matador" Mortensen

Nacido en Ecuador de madre española y padre danés, vivió en su país durante quince años, hasta que su familia se trasladó a Madrid. Era camarero en un bar donde generalmente jugaba al billar y al ajedrez. Un día probó suerte en una partida de póquer, desembolsó algunos billetes y los perdió rápidamente.

Cuenta que esa noche no pudo dormir pensando en lo que había hecho mal.

Regresó al día siguiente y duplicó su dinero, y así durante cuatro días más. Al poco tiempo estaba dedicado a jugar al póquer, ganando diariamente durante veinticinco días al mes.

Poco tiempo después no había en España partidas para él, y cuentan que en los últimos tiempos apenas se enteraban de que Mortensen entraba en el recinto donde se jugaba, las partidas se suspendían. Es entonces cuando decidió viajar a Estados Unidos, invirtiendo en esta experiencia todos sus ahorros. Al término de su estancia en Estados Unidos —tres meses, el límite permitido por su visa como turista—, había incrementado sus fondos en 10,000 USD.

Cuando regresó a España volvió a jugar al póquer, consiguiendo el respeto de los mejores jugadores de Madrid, hasta el punto de que entre todos decidieron pagarle la inscripción a lo que sería su primera participación en las Series Mundiales de Póquer del año 1999; él sólo se llevaría el treinta por ciento de lo que obtuviera en premios, con todos los gastos pagados.

Consiguió superar la primera mitad de jugadores, pero no logró entrar en los premios. En el año 2000 Mortensen jugó por primera vez con su dinero en las Series Mundiales de Póquer. Se mantuvo en la posición de líder del torneo por bastante tiempo hasta que terminó en el puesto 69 entre 512 jugadores.

En las Series Mundiales de Póquer del 2001 contaba con veintinueve años de edad. Hubo más de seiscientos jugadores en el torneo. Él quería entrar en los premios y eso significaba quedar entre los cuarenta y cinco primeros jugadores. Lentamente fue tomando el control del torneo hasta que su victoria llegó. El premio fue de 1,500,000 USD, una pulsera de oro y diamantes, y el título de campeón mundial de póquer.

Su mayor y más reciente éxito fue en abril de 2007, donde ganó el torneo principal del WPT (World Poker Tour) en el Casino Bellagio de Las Vegas, llevándose casi 4 millones USD.

Índice